ブレインバンク
ビジネス選書

優秀な
IT担当者は
クビにしなさい！

はじめに

――「優秀なＩＴ担当者はクビにしなさい」

随分と過激なタイトルをあえてつけさせて頂いた。その理由はふたつある。

ひとつは、複雑怪奇なＩＴ関連業務で頭を抱える中小企業の経営者にＩＴ化の本質を伝えたかったからだ。多くの経営者はＩＴを表層的な技術論と捉えがちだ。ＩＴは経営に密接に結びつき、戦略的に議論を進めていくべきなのだが、その視点が欠落しがちだ。それ故に、ＩＴ担当者に対して本質論を抜きにした人事を行ってしまう。

もうひとつは、社内の片隅でキーボードを叩きまくっているＩＴ担当者の方々のプロ意識を覚醒させたかった。社内的にも社外的にもＩＴ担当者は、非常に曖昧なポジションで、ろくな責任すら与えられない、アマチュア的な肩書きと化している。「パソコンに詳しい」

とか、「プログラムが作成できる」などの理由で任命されたＩＴ担当者が企業のＩＴ化を牽引するのは難しい。企業の戦略を担うプロフェッショナルとして、もっと個人のパフォーマンスを向上させていかなくてはならない。特に、中小企業に跋扈《ばっこ》するＩＴ担当者は総じて「プログラマー」であったり、「パソコンなんでも屋」だ。

難しいことを難しく説明することは誰でもできる。しかし、難しいことを噛み砕いて誰にでも分かるように説明するには、深い理解力が求められる。テーマや課題を理解する力、相手の技量を理解する力、そして自分自身の技量を正しく理解する力など。

結論からいえば、日本のいわゆるＩＴエンジニアたちに決定的に欠けているのは、それらの『理解力』ではないか。《エンドユーザーの求めているニーズを見つけ出し、より使いやすいものを作り上げる》《トップの考えを理解して、それを具現化できるようリーダーシップを発揮する》などは、理解力がなければ到底実現できない。

すでにＩＴを活用すること自体は特別ではなくなりつつある。ある程度、知識のある人ならば簡単に使うことができる。となると、ＩＴ担当者の拠りどころになっていた『技術』と『知識』は空しく宙に浮いてしまう。だからこそ、ＩＴ担当者は技術や知識だけではない、新しい付加価値を提供できる発想力やリーダーシップが求められる。その視点で次の２つの例を紹介したい。

『シャンプーの側面にはギザギザの凹凸がついている。これは、目の見えない人または洗髪中で目をつぶっている人がシャンプーとリンスを区別できるようにした配慮』

『牛乳パック上部にある扇状の切欠きも目の不自由な人が牛乳を識別できるために施されている』

成熟された日用品はこのような配慮と知恵を付加価値としてユーザーに提供していくことが求められている。ＩＴ担当者、いやＩＴ業界に目を転じてみるとどうであろうか？　エンドユーザーを知ろうとしているだろうか？　何よりもＩＴを使うのは人であると認識できているだろうか？

我々は、主に中小企業の経営課題解決のお手伝いをさせて頂いている。そこでは、当然、数多くのＩＴ担当者を目の当たりにしてきた。そして、経営者のＩＴ担当者に対する評価、扱いなども理解しているつもりだ。

結論からいえば、中小企業のＩＴ担当者に優秀な人材などいない。多くの経営者が「ウチのＩＴ担当者は優秀ですよ」と誇らしげに話す様子を見るたびに、こう突っ込ませてもらっている。

「貴方がいう優秀さとは？」

多くの場合、優秀の基準は技術であったり知識である。いや、本当に優秀なＩＴ担当者は存在するのかもしれない。しかし、その割合は１％もないのではないか。本書を読んだ後でも、「ウチのＩＴ担当者は優秀だ」と言い切れる経営者の方は、この例外の１％であることを心から喜んで頂きたい。

これからの中小企業にとって本当に優秀なＩＴ担当者とはいったいどんなスキルが求められるのか？

本書では、プロローグでＩＴ担当者の実態を、第１章で日本のＩＴ業界のレベルの低さを指摘している。まずは、現実を経営者の方々に知ってもらいたい。第２章については、ＩＴ担当者の業務がブラックボックス化してしまうことに対し、警鐘を鳴らしている。

第３章については、ＩＴ担当者の日々の仕事に対する意識改革をテーマに掲げた。ＩＴ担当者自身に読ませても、ＩＴ担当者教育の指針にしても良いだろう。４章ではＩＴ経営を成功に導くヒントを分かりやすく解説している。

経営者や幹部の方々が一読した後は、ぜひ社内のＩＴ担当者に読んでもらいたい。そして、自社のＩＴ経営に関する熱い議論が巻き起こることを期待している。

２００７年2月

株式会社ブレインワークス
近藤　昇

優秀なＩＴ担当者はクビにしなさい！

●目次

第2章 ブラックボックス化するIT担当者の恐怖

第3章　ＩＴ担当者に捧げる『7つの教訓』

プロローグ

「社長、優秀なＩＴ担当者などいませんよ！」

パソコンに詳しいだけのオタクが担当者に

「即席・IT担当者」大増殖の背景

「ウチの会社のIT担当者はパソコンの技術に詳しくて頼りになる」

経営者、特に中小企業の社長の意見の中にはこんな話がよく出てくる。確かに経営者は、ITもパソコンも意味が分からないような方ばかり。ましては、ERP（注1）やCRM（注2）、はたまたLinux（注3）やPHP（注4）なんていう複雑怪奇なIT用語など知る由もない。仮に知っていたとしても、自分たちが実際にそれらの用語を使う現場に立つことはないので実体は分からずじまい。結果として『社内の詳しい誰か』を担当者にあてがうのだが、そのプロセスがまずい。このことに気付かない経営者が多いのだ。

何がまずいか？　中小企業は慢性的な人手不足に陥っていることはご存知のとおり。そ

注1：Enterprise Resource Planningの略。日本語では「企業資源計画」と訳される。経営資源の統合的な管理を実施し、経営の効率化を図るための手法や概念のこと

注2：Customer Relationship Managementの略。データベースなど情報システムを利用し、企業が顧客と長期的に良好な関係を築く手法。顧客とのあらゆるやり取り（売買、問い合わせ、クレームなど）を管理することで、顧客ニーズにマッチしたきめ細やかな対応を行い、顧客満足度の向上を実現する。

のためか、多くの役割を兼任しているケースが多い。例えば、総務担当と人事担当など。さらに言えば、社長と経理を兼任している場合も少なくない。そんな状況の中小企業に海のものとも山のものとも知れないＩＴの専任部門として人をあてがうことなど現実的に考えにくい。すると、経営者や幹部の多くは、ＩＴ担当者も兼任として誰かにあてがってしまおうと考える。そこで、白羽の矢が立つのが普段の言動から推測し、パソコンに詳しい者、もしくは興味を抱いている者となる。普段ならば、「不気味なヤツ」と敬遠したくなるパソコンオタク系もこのときばかりは天使に見えてしまうから不思議だ。人が足りない中小企業では、数年前からこんなプロセスで「即席・ＩＴ担当者」が続々と誕生している。

「ＩＴ担当者＝パソコンに詳しい」ではない！

ボタンの掛け間違いは意外なところから端を発している。まず、多くの経営者が「ＩＴ＝パソコン端末」として扱ってしまっているところに大きな間違いがある。「同じだろ！」と異議を唱える方もいるかもしれない。ならば、パソコンという端末で社内業務の何が変わったか考えて欲しい。文章作成の効率化だけを考えれば、ワープロ端末とたいして変わりはない。結果としてパソコンはネットワーク化されて初めて業務に有効な機能を提供し

注３：フィンランドの大学院生だったリーナス・トーバルズ氏が開発したＵＮＩＸ互換のＯＳ。フリーウェアとして公開され、全世界のボランティア開発者たちが改良を重ねている。
注４：ウェブページを利用者や時刻にあわせて変化させるためのプログラミング言語。ホームページの更新などもＰＨＰを利用すれば簡単に実行できる。

てくれる。例えば、電子メールや情報共有などが該当する。さらにシステム化することで各専門業務に最適化した機能を提供することもできる。会計処理やＥＲＰ、ＣＲＭ、ＳＣＭ（注5）など、多くのパッケージを利用している企業も多いだろう。

このようにパソコンはあくまでひとつのインターフェースに過ぎないのだ。ネットワークに繋がってなければ、ハードディスク容量の大きな箱に過ぎない。持ち運べない分·ｉＰｏｄよりも使えない。しかし、そんな偉大なる端末『パソコン』に詳しいという理由だけでＩＴ担当者という極めて重要な任に就かせる経営者がいかに多いことか。

そのようなＩＴ担当者が社内の情報システムをいかに整備していくかが興味深い。詳しい話は後述するとして、目を覆いたくなるほどお粗末な結果に終わる企業がほとんどだ。もちろん、すべてがＩＴ担当者の責任というワケではない。人選を行った経営者および幹部の責任が最も重い。しかし、ＩＴ担当者というのは意外と座り心地が良いのも事実。そのワケは、社内にＩＴのことを理解できる人が皆無だからだ。つまり、ＩＴ担当者のしていることなどまったく分からないから、ある意味やりたい放題になる。

「あなたの会社のＩＴ担当者は優秀ではない！」

注５：Supply Chain Managementの略。調達・生産・受発注・物流というモノの流れの上流から下流までを統合的に管理する手法。過剰在庫の削減や受発注、物流の効率化に大きな効果をもたらす。

社内で特殊なポジションを与えられたＩＴ担当者は次第にその甘い汁を遠慮なくするようになる。仮にA君としよう。A君の仕事の内容を社内で理解できる者はいない。パソコンの前に座り、独学でテキトーに覚えたプログラムをちょいと組んでみる。すると、周囲は「オオーッ」と驚きと尊敬の眼差しで彼を見る。そんな社内の様子を見て、社長は「ウチのＩＴ担当者は優秀なんです」なんて外部の人に胸を張って自慢するようになる。A君も気分が悪いわけがない。そのうえ、ＩＴ担当者としての仕事はきつくない。最新型のパソコンへの買い替えを提案したり、業者の選定に口を挟んだり、バックアップのメンテナンスをしたりと、作業自体も難しくない。しかし、分からない人から見ればそんな作業も「すごく」見えてしまう。

一方で、社内の雑用係と化しているＩＴ担当者も多い。いわゆる便利ななんでも屋。「メールの調子がおかしい」と聞けば西へ、「パソコンが起動しない」と聞けば東へと常に奔走する。そんな彼を社内では『優秀』という言葉で褒め称える。人間は自分が対処できないことをいとも簡単に成し遂げてしまう人に尊敬の念を抱く。ＩＴ担当者も同様だ。今日も『優秀なＩＴ担当者』が忙しそうに立ち振る舞っている……。

ひとつだけ伝えておきたいことがある。それは「優秀なＩＴ担当者などいない」という厳然たる事実である。

いくらパソコンに詳しくとも、プログラミングが得意であったとしても、それは企業のＩＴ担当者としては二流どころか三流レベル扱いなのだ。そもそも、ＩＴ担当者に何をさせたいのか。それはパソコンの解体でもなく、プログラミングなどという作業でもないだろう。社内の情報化のリーダー役としてＩＴ担当者を任命したはずだ。しかし、現状の多くの企業（特に中小企業）のＩＴ担当者自身はそのリーダー役を果たせるだけのスキルはない。これは断言できる。今までは「優秀なＩＴ担当者」と勘違いしていただけなのだ。その背景には、中小企業がＩＴ化やＩＴ経営の本質を見誤っていたことがある。そのため、本来は極めて重要なポジションとして位置づけられるＩＴ担当者を安易な理由で決定してしまった。

「ならば、ウチのＩＴ担当者は優秀ではないのか？」

今、そう疑念を持った経営者の皆さん。その通り、優秀ではないんです。ＩＴ経営を牽引するだけのスキルなども備わっていません！　それ以前に人選を間違えている可能性が高い。そのワケを次項以降で詳しく紹介していこう。

1人のIT担当者が会社を崩壊させる

「××ソリューション」に踊らされるIT担当者たち

「社長、我が社でもＥＲＰを導入することで業績を伸ばせそうです！」

ＩＴ担当者が魔法のような言葉を並べだし、ソリューション導入の必要に迫られていると語りだす。ＩＴの実態が掴めない経営者はうなずく事しかできずに、いつのまにか稟議にかけられ企画がスタートを切りそうになっている。だけど、ちょっと待って欲しい。ＩＴ担当者からの提案は本当に正しいのだろうか？

もちろん、業種によっては導入することで一定の効果はあるかも知れない。だが、実際には膨大な導入費用を投じたプランがその会社の首を絞めることのほうが多いのだ。

例えばどういうことか。先に例として出したＩＴ担当者が提案した、「ＥＲＰ」すなわち「企業資源計画」を簡単にいうと複数の業務を横断的に統合しようという考え方に基づいたシステムになる。複数部門を抱え、支社や工場を各拠点に持つような大企業ならいざしらず、販売、仕入れ、在庫管理など経理を含む業務全般がひと通り把握できる中小企業では、そんな大規模なＩＴ導入は不要なはずだ。

その他にもＣＲＭなんていうソリューションもある。「ＣＲＭ」は、簡単にいえば顧客の長期的な獲得を可能にするため、あらゆる情報をデータとして取得し活用するというもの。お客さんから聞こえてくる声、よく買う商品や嫌いな商品、はたまたクレームの種類などあらゆるデータを情報化して自分の商売に役立てるのだ。こうやって噛み砕いて説明すると貴方にも分かるはず。

そうなんです、このＣＲＭは普通に会社の営業がやっている顧客との応対をＩＴ化したものなのだ。営業は顧客の顔を覚え名前や住所などをメモしている。欲しがりそうな商品も知っているし、口うるさいお客さんには二重丸をしているだろう。普通に商売をしているなら必ずやっていることを、なぜ今になってＩＴ化しなければならないのか？　こちらも先に例を出したＥＲＰと同じこと。全国、全世界の拠点で顧客サービスを展開している企業ならば、すばやいデータ検索や個別のサービスが可能になるこのソリューションは効果的だが、貴方の会社の場合、顧客数が限られるわけだから営業のメモを見ればこと足り

るのだ。

ERPやCRMを例に挙げたが、これ以外にも星の数ほどあるソリューションなどに頼らずとも企業の情報を資産化する方法はいくらでもあるはずだ。グループウェア（注6）ひとつでしっかりと情報を整理して業績を伸ばしている企業だって数多くある。もっと極端な例になると、電子メールというもっとも単純なツールひとつで効果的なIT化をやってのける優れた企業もあるのだ。そのような本質を理解せず、身の丈に合わない提案を平気でしてくるIT担当者がいたとすれば、いくらITの知識があろうと、貴方の会社をそもそも理解していない証拠といえないだろうか。

注6：LANを利用して社内の情報共有化、コミュニケーション促進を図ることのできるソフトウェア。掲示板やスケジュール共有、会議室予約などの機能が提供される。低価格化が進み、最近では無料のものまで現れている。

不必要な条件を必須条件に

知識欲が旺盛なＩＴ担当者は最新技術に目がない。彼のパソコンを見ればそれが分かるはずだ。デュアルＣＰＵを搭載し、メモリを最大限積んだ最新式だ。プログラミングやメールサーバのメンテナンスをするのにそんな過大な装置は必要ない。彼の業務内容にそぐわないような過大な投資を平然とやっているのだ。その姿勢をそのままＩＴに向けているからおかしなことになってくる。費用対効果なんていう考えはとうの昔になくなっているのだろう。そのうえ自分はＩＴに詳しいと自負しているから止まらない。プライドが高いＩＴ担当者はベンダーとの会話ももう怖くない。ＩＴ知識も豊富になり、自分は優れていると思い込んでいるのだ。それだけならまだしも、ベンダーとべったりになってしまっているとなおタチが悪い。なにしろベンダーは売る気でやっきになり、目一杯の理論武装で援護射撃を繰り出してくる。そうなるとプライドの高いＩＴ担当者は『ほらね。プロがこう言ってるんだから正しいでしょ？』と余計に自信をつけてくる。これでは経営者が押し切られそうになってくるのも当然だ。

自分の欲求を会社の金で実現しようとしている・・・

このような状況を放置しておくとどうなるか？　企業規模を無視するような巨額の投資を平然と行った結果、数年後には使いこなすことができないシステムだけが、埃をかぶっているはずだ。ＩＴ担当者の欲求が、とりかえしのつかない大打撃を会社に与えてしまう恐れもある。

もっともそんな結果が待っているとも知らず、ＩＴ担当者は運用が開始されて数年は同じポジションにいる。運よく気が付いても、案件を任せてしまった以上、解雇するワケにもいかない。人材不足なので適任といえる後任も見つけづらい。大企業なら転勤や転属させるという方法もあるが、中小企業の場合は部屋を変えたとしても常に顔が見えるようなポジションにいることになる。クビにすることもできず、手をこまねいている経営者を尻目に、ＩＴ担当者は増長していく。

次項では、そんな中小企業のＩＴ担当者をもう少し分析してみよう。

視野が狭いうえにプライドが高く、人の話を聞かない

IT視点でしかモノを考えられなくなる

「自分のIT知識は、社内でNo1である」

こう自負しているIT担当者はなにしろ人の意見を聞こうとしない。社長からの説明要求に対しても「ITの知識もないくせに説明するだけ無駄」とでも思っているのか、わざと難しい言葉を並べてくる始末だ。これは経営者に対してだけではなく、意見を吸い上げなくてはならない現場の人間に対しても同様だ。「おれのいうことを聞いていれば最先端の企業にできる」と自負しているのだ。そんな彼が唯一、心を許しているのは会社のIT担当者になってから知り合ったベンダーの営業パーソンだ。ベンダーにとって彼は極上の客なので、最新技術が出ればどんどん情報を与える。すっかりITの話題の虜になってい

るＩＴ担当者は、ＩＴそのものに対して信仰に近いものを持つようになる。その結果、考えることはすべてＩＴ視点になってしまうのだ。

ＩＴベンダーが良い経理ツールがあるといえば、帳票を書き込みやすいように変更するだけで済むような案件に対しても大掛かりなシステム化を試みる。市販のパッケージを導入した場合のコストだってバカにならないのに、だ。さらにベンダーは職種に合うよう新しいソフトウェアを開発しようといってくるかも知れない。その場合、コストは数倍にも跳ね上がるだろう。

自分しか居ない状況が『天狗』を作る

中小企業の場合、ＩＴ担当者が単なるパソコン知識の有無だけで決定されるケースが多い。そして、そのような理由で任命した人間に大きな裁量を与えてしまう。実はこの状況こそが無謀で身勝手なＩＴ担当者を作り出しているといえる。

大手企業のＩＴ部門に入れば知識の少なさを痛感するはずだが、まずそれがない。ベンダーの話にすぐなびいてしまうのも井の中のなんとやらが原因になっているのだ。周囲からはもてはやされ、社長は自慢のＩＴ担当者だと肩を叩いてくる。最初は自信がなかった彼もしだいに『おれはできる』と勘違いしはじめるのだ。

ＩＴは所詮ツールにすぎず、効果的に配置してこそ真価を発揮する。しかも、トップがＩＴにうとい企業はおおよそ会社全体のＩＴ意識ができあがってはいない。組織はＩＴ担当者が自信過剰になっている状況とＩＴ視点のみという狭い視野になりつつある状況すら気づかない。当のＩＴ担当者は冷静な判断はおろか、会社組織で自分がいるポジションのあいまいさに居心地の良さを感じるはずだ。無謀な提案を次々と飲んでくれる社長をいいように使い始めるのだ。

こんな状況では企業を情報化してゆく牽引力となるはずがない。「優秀」と勘違いされて、ちやほやされてきたＩＴ担当者がいよいよ独り歩きをはじめ出したらどうなるか？ちょっと考えただけでも末恐ろしい結果になることが目に見えるようではないか。

過去の経験上でしか考えない

さて、みなさんの中には、ここまで話を読んできて、ちょっと待て？　と思っている人もいるだろう。

「ウチのＩＴ担当者はちゃんと大手でやってきたバリバリの技術者だ。パソコンが得意な

IT担当者の本音

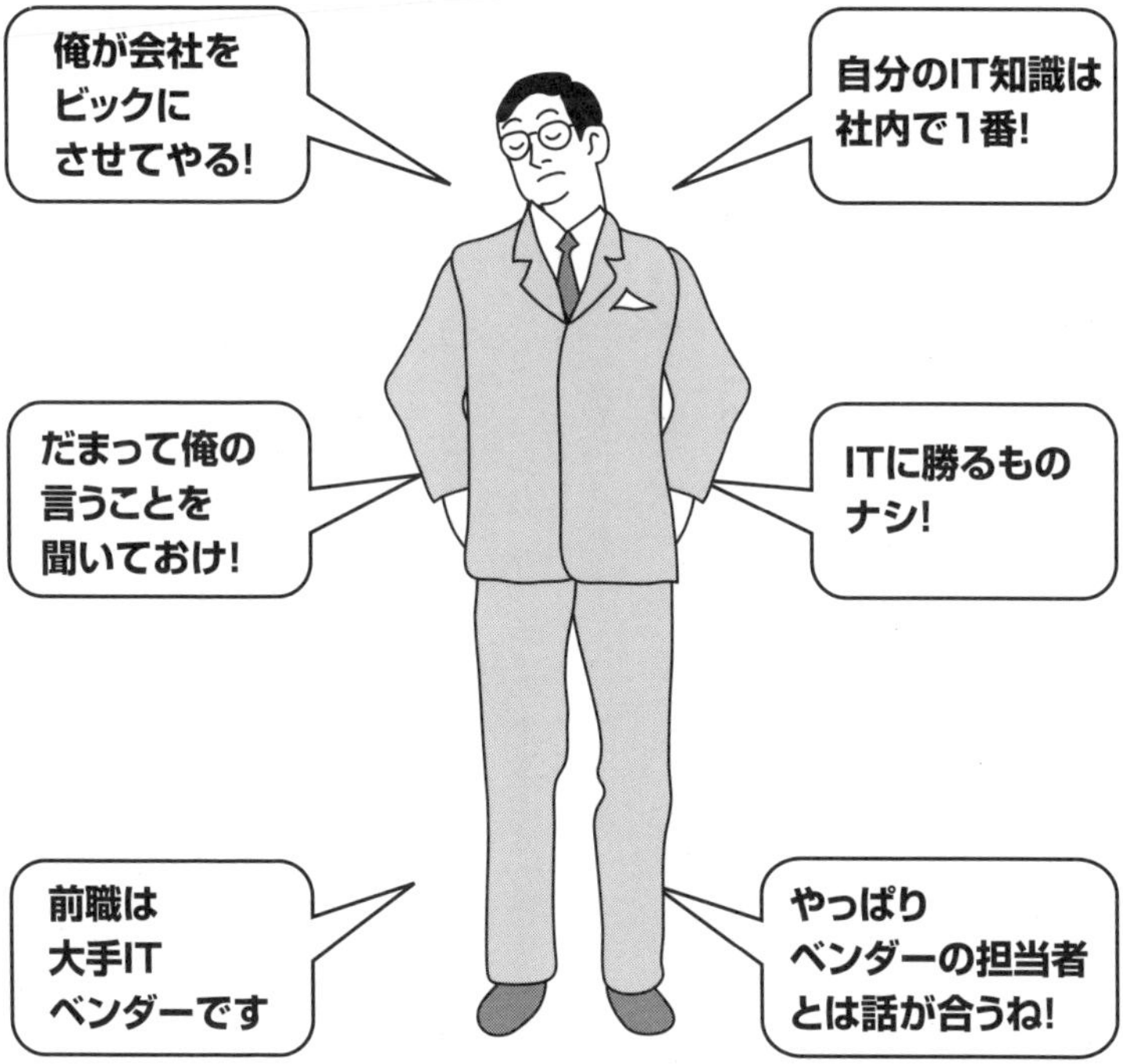
俺が会社をビックにさせてやる!
自分のIT知識は社内で1番!
だまって俺の言うことを聞いておけ!
ITに勝るものナシ!
前職は大手ITベンダーです
やっぱりベンダーの担当者とは話が合うね!

だけのＩＴ担当者とは違うぞ？　お前の言っていることは間違っている！」と。

《プログラミングが多少できる》――貴方がいう優秀の定義はこんなところではないか。

おおむね中途採用の大手企業を経験したＩＴ担当者といえばプログラマーだ。なぜそんなことが分かるのかは後述するとして、本当にＩＴを知りぬいたエキスパートが好んで貴方の会社に再就職するとは思えない。厳しい言い方だが、これが現実だ。『わたしはいくつもシステムを構築してきた』といってはばからないＩＴ担当者が自分のスキルを見誤って、会社全体におよぶ被害を引き起こしているケースは多い。

単なるシステムの構築を担当したからといって、ひとつの企業をひとりでＩＴ化できるのかといえば、答えはノーだ。システムを構築することと、経営とＩＴを結びつけ、きちんとしたＩＴ化を促進する能力はまったく別なのだ。特にこうしたケースで最悪なのは過去の経験からしか思考しないパターン。自分の過去の経験を引き合いに考えるものだから、視野が狭くなる。しかも、本当に経験したことがあるのはシステムの一部のプログラミングだけだというのに、海外に本社を持つ世界的企業と同様のシステムを組もうとしたりする。挙句に力量が足りず、途中で放り出して退職でもされたら会社は存亡の危機を迎えることになってしまう。

優秀なＩＴ担当者などいないと知るべし

中小企業に優秀なＩＴ担当者が少ないわけ

繰り返しになるがあえて言わせてもらう。そもそも、日本に優秀なＩＴ担当者はほとんどいないのだ。詳しい理由は後ほど解説するが、中小企業が雇うようなＩＴ担当者の場合、優秀な人材は１００人に１人程度と思ったほうがよいだろう。大手企業でさえ人材確保が難しい時代なのに、中小企業に優秀な人材がほいほいやってくる訳はないし、経営の基礎も知らないパソコンオタクがにわかに優秀なＩＴ担当者に変身するはずもない。

だが、実際は多くの中小企業の経営者は自社のＩＴ担当者が優秀であると認識していることは本書の冒頭でも述べたとおり。これはセミナーの来場者などに質問をしてみるとすぐに分かるのだが、ほぼすべての経営者がそう思っている。

『ウチはちゃんとしたＩＴ技術者をスカウトしてますよ』と言ってはばからない社長もいる。だが、本当に「ちゃんとしている」のか？　学校で情報処理のカリキュラムを経て入社してきた人物、大手企業に就職していた経歴を持つＩＴ技術者などはＩＴにうとい経営者にとっては優秀な人材に見えるに違いない。そうした背景を持つ人物がいるということを拠りどころにＩＴかぶれになってしまっている経営者も実に多い。それでも言わせていただこう。『優秀なＩＴ担当者などいない』のだ。

「優秀」とはどのような人材なのか

中小企業にとって会社を成長させることは使命だ。経営者なら会社にメリットがあることだったらなんでもするはずだ。実際にそれらを成し遂げている経営者は多い。ところが、世間の大波小波を乗り越えてきたはずの経営者が、ことＩＴとなるとなぜか間違える。

実際の企業、特に中小企業にはＩＴ神話がいまだに根強く残っているのが事実なのだ。「ＩＴ化さえすれば、仕事もはかどるし売り上げもアップするはずだ」。そんな経営者がいまだに多いが、残念ながらそんな甘い考えなら何もしないほうがマシというもの。

経営者にとって優秀な人材は会社に貢献してくれる人にほかならない。ＩＴであっても経営を考えた上で有用でなければ何の意味もない。営業が得意な人物や製造で手腕を発揮する人物が会社にとって大きく貢献しているのと同様、ＩＴも会社経営にメリットをもたらすことが大前提にある。

ＩＴはツールでしかない。ＩＴという道具を使って社内で情報共有を行い、それを活用できる基盤を作るという思考が必要なのだ。貴方の会社のＩＴ担当者にそれが実践できるのかもう一度考えて欲しい。パソコンが得意だからＩＴ化を進められるという理屈が当てはまらないことは容易に想像がつくではないか。

優秀なＩＴ担当者が中小企業で何ができるのか？

優秀なＩＴ担当者がもし貴方の会社にいたらまず何をするだろう？　パソコンをハイスペックなもの買い換えるだろうか？　それともサーバの増強だろうか？　壮大なソリューションの導入だろうか？　答えはノーだろう。優秀なＩＴ担当者なら、まずＩＴにまったく無頓着な経営者たちを説得し、社員すべてにまでおよぶような社内風土の改善を試みるはずだ。例えば、社内の業務プロセスの問題点を整理したうえで、『人』の問題に焦点をあてる。そして、業務の流れを改善すべく、長年埃をかぶっているパソコンをメンテナンスし、とりあえず電子メールを使えるようにする。メールの件名にルールを設定したり、履歴を残して資産として活用するなど今後のＩＴ化へ向けた基盤作り（体力づくりと言った方がしっくりくる）に取り組み始めるだろう。メールで社内連絡をするという風土を根付かせたＩＴ担当者はワンランクアップのためＡＳＰ（アプリケーション・サービス・プロバイダ／第4章「なぜ、ＡＳＰを活用しない？」参照）を利用したグループウェアの導入に着手する。より立体的かつ横断的な情報のやりとりが発生し、社内の全員がＩＴを使いこなし始めると、いよいよ手腕を発揮し最適と思えるソリューションの中から、もっともコストが掛からないものを導入するよう提案するはずだ。

「まずＩＴありき」ではＩＴ化は進まない。『人』から始めなくてはならない。ところが、中小企業の経営者や三流ＩＴ担当者はそこに気づかないまま。これが現実だ。

◆◆◆

次章ではここまで繰り返し述べさせていただいた、多くの中小企業のＩＴ担当者が優秀ではないと言い切れる理由を詳述していきたいと思う。

コラム①

パソコンは本当に1人1台が妥当なのか？

「パソコンは社員1人につき1台必要です」

パソコンもずいぶんと値が落ち、1人1台の時代が来ていることは確かだ。この流れは時代の要請ともいえるが、中小企業の社長に話を聞いても、IT担当者たちに話を聞いても皆口を揃えて「必要である」と答える。

しかしである。「なぜ必要なんですか？」という問いに明確な答えをしてくれる人は極めて少ない。

そもそも、パソコンを1人1台与えて何が変わるのだろうか？　これまで手書きだった書類がワープロソフトで代用できる、あるいは電卓を叩いていた作業が表計算ソフトで行える。これが変革だというなら、それは考えを改めた方が良い。

OA化の最初の一歩ということはいえるかも知れない。しかし、それだけではパソコンの操作を覚えるだけのことだ。操作だけなら個人差はあっても、いずれ誰でもできるようになるだろう。ただそれだけのことだ。IT化を考えるうえでやらなければならないことは、パソコンを何かに「活用」することなのだ。

1人1台パソコンを与えると簡単に言っても、コストはかなりかかる。操作を覚えさせるために導入したのでは、いずれ使われなくなることは明白だ。言い換えれば無駄な投資であり、情報セキュリティ上のリスクを増大させているにすぎない。これは経営にとって重大な問題となる。

パソコンは所詮ツールにすぎない。ただし、パソコンがあれば多大な効果を生み出す可能性は持っている。パソコンを1人1台与えるのではない。「パソコンを使って我が社は何をするのか」。この目的を浸透させることが重要なのである。

第1章

日本のIT業界のレベルは最低ランク!?

低レベルな日本のＩＴ業界

歴史が浅いＩＴ業界

「ＩＴ」という言葉が一般的に使われ始めたのは、ほんの7～8年前のこと。森喜朗・前首相が「ＩＴ」を「イット」と読み間違え、マスコミの餌食となってしまったことは記憶に新しい。とはいえ、それ以前に「ＩＴ」という言葉を知っていた人がどれほどいただろうか。こんな言葉、コンピュータ業界でも使っている人が少なかった。「ＩＴ」という言葉は、それほど新しい言葉なのだ。「ＩＴ化しなくては、企業経営が成り立たない。だから、ＩＴ化は急務なのだ」と声高に叫ぶ人がいる。実はそんなことはない。そもそもＩＴ業界からして発展途上の段階なのだから。

確かに進化のスピードは恐ろしく速い。かつてはインフラの設備もままならず、大手企業は専用線をわざわざ各地まで敷設してネットワーク化していたのに、いまやブロードバンドの普及でどんなに小さい企業でも恐ろしく高速にどこへでもアクセスできる。企業だけでなくＳＯＨＯ（スモールオフィス・ホームオフィス）でも光ファイバーネットワークが当たり前の時代だ。ソフトウェアも単純な数字の計算するコンピュータから、ＧＵＩ（注７）による自動制御が当然の仕組みになっている。複雑なプログラムもいちいち手で入力する必要はなくなり、アイコンを動かしているだけで事足りる。毎日のように生まれる新しい言葉や技術にＩＴ業界自体、それに追いつくのが必死だ。

だが、よく考えて欲しい。これは進化といえるのだろうか？　いや、違う。ツールが便利になっているに過ぎないのだ。ツールの利便性が向上したことを進化と間違えてしまうところに、ＩＴ業界は時代の先端だと勘違いしてしまう理由があるのだ。

実際の現場を見てみればそれは分かる。セキュリティを声高に叫んでいながら重要書類が収まったキャビネットは相変わらず鍵をかけていないＩＴサービス会社。もっと情報を活用しなくてはなりません、とセミナーまで開催しているのに自社の社員は他の部署との情報共有すらできていないコンサルティング会社。こんな例はＩＴ業界を見渡せばごまんとあるのが現実なのだ。

注７：Graphical User Interfaceの略。基本的な操作をマウスポインタで行えるインターフェース。「ウィンドウズ」や「Mac OS」などは、このＧＵＩ機能を実装したＯＳ。

優秀なエンジニアはIT業界に向かわない

そんなIT業界で働くエンジニアたちはどうなのか？

そもそも、一般的にレベルの高いエンジニアは新しい技術に触れることができ、なおかつ報酬が高い土壌を欲しがる傾向がある。洋の東西を問わず、エンジニアとして身を立てようと思った人なら誰しもレベルの高いステージを目指す。

さて日本の場合、レベルの高いステージを目指すエンジニアたちは、いわゆる重厚長大産業を目指し、集まってきた。たとえば、自動車業界や家電業界、建設業界などに人材が集まる。つまり、これらは日本の高度成長期を支えた業界。巨大プロジェクトを数々と手掛けながらエンジニアたちが切磋琢磨してレベルをさらに向上させてきたのだ。メジャーリーグの世界と同じで誰もがニューヨーク・ヤンキースの一員になることを夢見ている。球団を経営するトップも優秀な選手ならば高額な報酬を出す。この図式と同じことだ。

では、日本のIT業界はどうだろうか？　前述したようにIT業界の歴史は浅い。しかし、急激なスピードで業界が成長する過程でエンジニアリングのレベルそのものを問う時間的な余裕がなかったのが実状だ。『質』を問う前に目の前に仕事が次から次へと発生し、それをこなしていくだけ。優秀なＩＴエンジニアが求められることもないし、レベルを向上させる土壌も育っていない。

たとえば、ソフトウェア開発におけるプロセス改善モデルを指標化した「ＣＭＭＩ」(注８)がある。これはカーネギーメロン大学のソフトウェア工学研究所によって開発されたもので、５つのレベルで表現されている。レベルに合わせて、プロセスが改善されるという考え方のもので、ソフトウェア開発レベルの能力成熟度を評価するモデルとして活用されている。

近年、このＣＭＭＩを取得する企業が多くなっているが、全体から見るとまだまだ少ない状況といえる。国際的な指標なので各国のＩＴレベルを見るのに役立つのだが、アジア各国が競い合うように取得しているのに対し、日本のベンダーの取得は少ない。余談になるが、ＣＭＭＩの最高位であるレベル５を取得している企業は世界で２００社ほど。その半数をインド企業が占めているという。ソフトウェア開発のアウトソーシング大国としてその地位を確固たるものにしている。そこで培われた開発能力を使い、世界を席捲する日も近いかもしれない。

さて、一方の日本。優秀なＩＴエンジニアは一部企業に集結し、業界全体から見れば、なかなか後進が育たない。それが現実だということをよく覚えておいてほしい。

注８：Capability Maturity Model Integrationの略。米カーネギーメロン大学ソフトウェア工学研究所が公表したソフトウェア開発プロセスの改善モデルとアセスメント手法であるＣＭＭに改善事例を反映させて作られた新たなモデル。成熟度という名のレベルが１～５まであり、各レベルで必要な開発プロセスが規定されている。

大手企業と下請けの関係はＩＴ業界も一緒

こうなった背景には日本のＩＴ業界発展の場当たり的な仕事の流れがある。どんな高度なプロジェクトであっても納期に間に合わせるため、人を確保し続けてきた。ちょっとプログラムをかじった程度であっても「エンジニア」という肩書きを背負わせ、こき使う。いわゆる、『なんちゃってＳＥ（システム・エンジニア）』ともいえる彼らに大事なプロジェクトを背負わせて、だ。精度の高い仕事をプロとしてやってのける、などと考える暇も勉強する機会もない。クライアントは仕事を急がせる上、さらにダンピングを要求してくる。

そういえば、ある人気テレビ番組でデータを捏造した事件があった。この番組制作の現場で行われていることも同様だ。テレビ局と下請け会社は、孫請け会社に仕事を丸投げしてしまう。丸投げされた孫請け会社は厳しいスケジュールと予算の中、必死で制作を続けていく。しかし、テレビ局と下請け会社はさらにスピードアップとコストダウンを要求してくる。そんな状況下で発生したのがデータ捏造事件だ。有名になった耐震偽造問題だって然り。製品や作品のクオリティ以前に、目先の人手不足を解消させる短絡的な思考がはびこっているのだ。このように問題が表面化すれば、まだ救いはある。ＩＴ業界の下請け

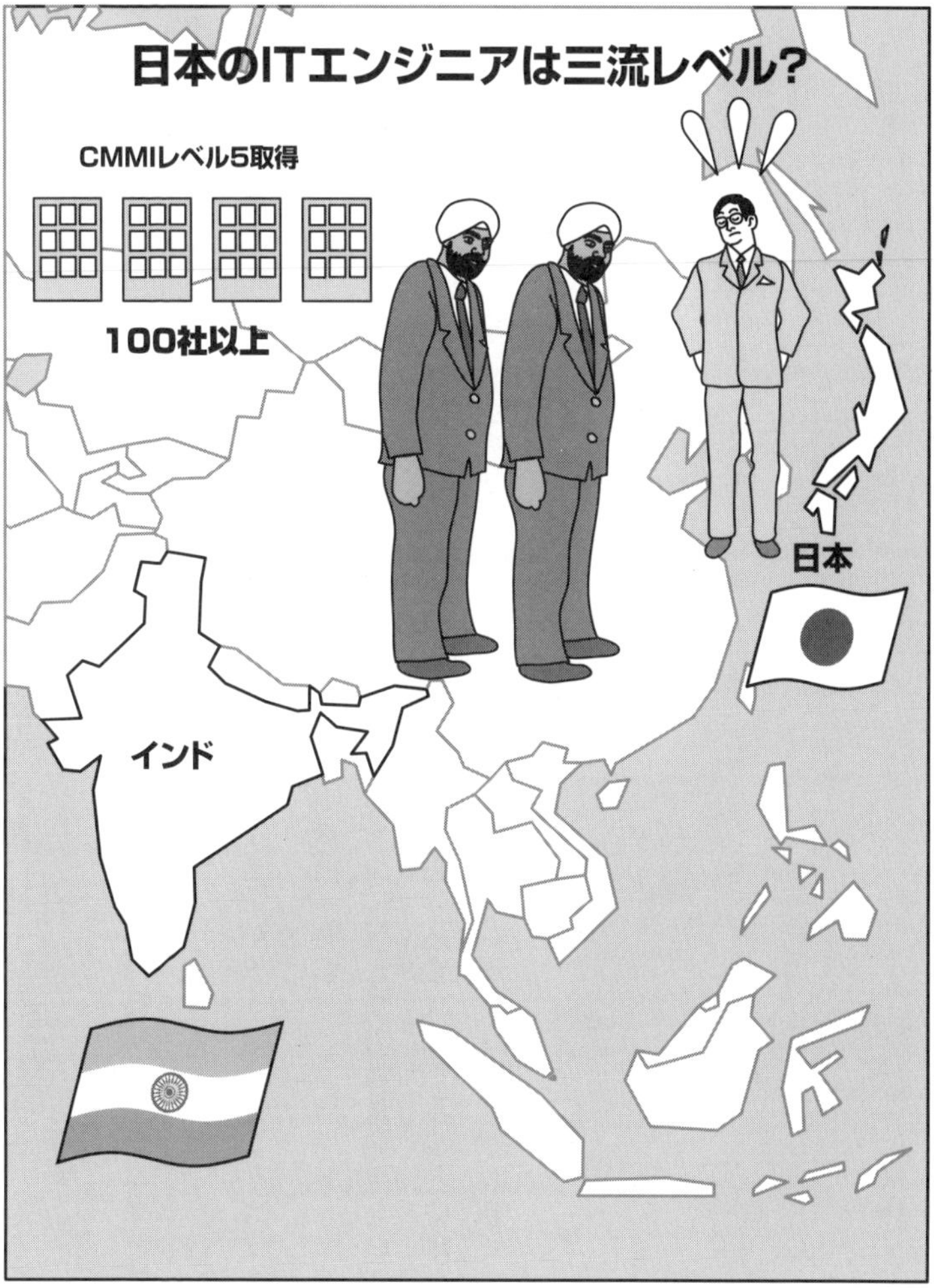
日本のITエンジニアは三流レベル?
CMMIレベル5取得
100社以上
日本
インド

構造はさまざまな現場で小爆発を発生させながらも、問題は地下に潜ったまま。だから、なおさらタチが悪い。

もちろん、『なんちゃってＳＥ』のやる気は最下層にくるのは当然。エンジニアとしての仕事の質を高まるなどという考えすら持たない。

お分かりいただけただろうか？　貴方の会社と取引先の関係がそうであるように、ＩＴ業界も「大手―下請け」の図式で仕事を続けているのである。

このように日本のＩＴ業界は歪んだ構造から『なんちゃってＳＥ』の大量発生という事態を引き起こしている。すでに取り返しのつかない窮地に追い込まれていることに誰も気づかない。それも取り返しがつかないほどだ。次項では、レベルの低い日本のＩＴエンジニアの現状を改めて確認していこう。

日本のＩＴエンジニアは三流レベル？

ベンダーではなく、居心地のよいユーザー企業へ

日本のＩＴエンジニアのほとんどが三流であるという事実は、海外を見てみればすぐに分かる。アジア、特に中国、インド、ベトナムなどのＩＴエンジニアを見れば明らかだ。経済の成長も著しく、母国でＩＴ技術者になることは生活レベルをジャンプアップさせるチャンスをつかむことにほかならない。そんなハングリー精神を糧に猛勉強をして切磋琢磨を怠らないのが彼らなのだ。

例えば、インドのエリートたちが集結するインド工科大学（ＩＩＴ）は、世界で最も競争倍率の高い大学だ。若者は、ＩＩＴへの入学を目指し、日夜猛勉強に励む。入学した後も凄まじい。全寮制であり、勉強漬けの毎日を過ごす。厳しい日々が続くが、卒業すれば、

世界中の一流企業が入社のオファーに訪れる。卒業生が、世界の一流企業で活躍している姿を目の当たりにし、学生たちも「自分も必ず」と意を堅くする。頭脳立国と呼ばれるインドを支えているのは、こうした若者のハングリーさなのだ。

さて、日本はどうだろう？　ブームに乗って急造エンジニアを増やし続けた挙句、たいした勉強もさせていないのが現状だ。プログラマーたちも同じ仕事をするならば、できる限り楽な仕事で済ませたい。下手にITベンダーなどに就職してしまえば、高度なプログラミング技術やマネジメント能力などが求められ、苦しむ姿が目に見えている。多少、報酬は落ちるが仕事が楽なユーザー企業のシステム部門に就職したい……これがIT業界に属する若者の本音だろう。

ある人材紹介会社のコンサルタントはこう漏らす。

「今やSEは3K（キツイ・キタナイ・キケン）職種の代名詞になりつつある。IT業界を脱出したいと相談に来る人が後を絶たない」

こんな状況で日々進化を続けるIT業界をどうやって支え続けていけるのか。サーバのメンテナンスなど楽な仕事でそこそこの報酬をもらう彼らと、大手ベンダーに就職したくて猛勉強の日々を過ごすアジア各国のエリートエンジニア達……。勝敗は分かりきっている。

ＩＴ部門がアジアの技術者で占められる可能性も

優秀なエンジニアが育ちづらい環境にある日本。優秀な人材を確保するため、どの企業も躍起になっていることは先ほど少し触れたとおりだ。ゼロから教育しようとしてもビジネスの現場では、そうそう長い目で見ることもできないのが現実だろう。では、どうするか？　大手企業では優秀なＩＴエンジニアを海外から呼び寄せたり、もしくはシステム開発業務を海外に発注したりしている。「オフショア」などとも呼ばれるこの形態はいまや当たり前のように行われていて、大手ベンダーは早くも日本のＩＴエンジニアに見切りをつけつつある。国際化という言葉の裏側では、日本のＩＴ業界の空洞化現象が浮き彫りになりつつある。

当然、こうした背景には日本で開発した結果、納期遅れやバグの発生といったトラブルを多発させるよりも、アジアの優秀なＩＴエンジニアたちと仕事をしたほうが、クオリティもレベルも高い製品を生み出せるという事実がある。「社内には優秀なＩＴエンジニアが必要不可欠だ」と誰もが声高に叫ぶが、そのエンジニア自身が日本人であるとは限らない。近い将来、ＩＴ部門が優秀なアジアのエンジニアで占められる日が来るかもしれない。

ところで、日本の独立行政法人・情報処理推進機構（ＩＰＡ）はＩＴスキル標準なる指針を出している。これは自分のＩＴ技術レベルの現状を確認し、どの方向へ向かうと良いのか、といったＩＴエンジニアのポジションを明確にするために作成されたものだ。ただし、この基準を使えば、立派なＩＴ技術者になれるというものではない。あくまで、自分のスキルを客観的に見ることができる程度のものと捉えておくべきもの。

こんな指標を物差しにしても、日本ではいわゆるプログラマーレベルの人材が集中している。結果、そんな人たちが中小企業でＩＴ担当者となり、そしてもてはやされるわけだ。

失われつつあるものづくり精神

ソフトウェア開発やシステム構築も「ものづくり」のひとつだ。かつて、日本の工業は精密で壊れない、そして美しい製品を数多く世界へと輩出していた。いわゆる、「メイド・イン・ジャパン」がもてはやされていた時代があったのだ。それは、日本人の気性からくる、まじめさや頑なさがそのまま製品に受け継がれていたからだろう。だが、現在はそうした工業製品でさえアジアに押され気味だ。皆さんが眺めているパソコンの液晶ディスプレイ、手にしているマウス、キーボード、その他もろもろがアジア各国で造られたものだ。

もちろん「それは人件費の安いアジアで作らせる方が、コストメリットが大きいからだ」と一笑に付す人もいるだろう。しかし、生産拠点として捉えていたアジア各国は今、日本のものづくり技術を学ぼうと躍起になっている。いつの日か日本を越えるかもしれない。

これは夢物語ではない。かつて、日本もアメリカというお手本から学び、そしてそれを上回る日本独自の技術を創り出していったのだから。

ところが、今の日本では、リコールの話だったり、製品の不具合による事故がニュースを騒がせている。組織的に期限切れ原料を使用し続けていた某大手洋菓子メーカーなどは、もはやものづくりの精神すら持ち合わせていないのではないか。

こんな状況を眺めていると、「全自動洗濯機を使って洗濯の仕方を忘れる」という例え話を思い出す。今の時代はツールが便利になったばかりに、基本的な動作と手順がおざなりにされているのだ。厄介なのは便利なツールがあるだけに、表向きはモノが作れてしまうこと。これに皆が騙されてしまう。

もちろん、ITエンジニアにもこの話はあてはまる。難しかったプログラミングでも、いまやGUIでちょこちょこと操作してしまえば、こと足りるのだ。なぜ、こういう命令を出すとこう動くのか？　与えられたツールが良すぎるばかりに、バックグラウンドで動いているプログラムの構文がイメージできない。

便利なツールなど存在しない黎明期のＩＴエンジニアは、足りない部分を腕でカバーしようとする精神に溢れていた。当時はデバッグ作業に数時間なんていうことも多かったので、待ち時間を利用して次の仕事の予習も行えた。いまはデバッグ（注９）などほんの一瞬だ。次から次へと流れてくる仕事に対し、予習することもなく、延々と作業をこなす毎日……。

便利になりすぎて失われたものはまだある。例えば、ＩＴエンジニアだけでなく、ほとんどの人がいまや電話番号などを暗記する必要がなくなった。携帯電話の普及が与えたものは通信環境やサービスの充実だけでなく、人々から「覚える」楽しみを奪ったともいえる。

社会全体が便利になった反面、各方面でその歪みが顕在化している。それが、事故や欠陥などになって噴出しているのだ。これはＩＴ業界も抱えている根深い問題のひとつといえるだろう。日本のものづくり精神の衰退を目の当たりにすれば、アジア勢に取って代られるのも時間の問題かもしれない。そんな危機感を抱かない方がおかしいのだ。

注９：プログラムのミスを探し出して除去していく作業のこと。

優秀なエンジニアはアジアに

ＩＴエンジニアはエリートが集まる職種

アジア各国はＩＴ業界を含めて経済の成長が著しいことは、これまで述べたとおりだ。日本でいう医者や弁護士、官僚といったいわゆるエリートと言われる業種が、アジアではＩＴエンジニアなのだ。

すでに中国、インド、フィリピンなどではＩＴ産業は国家を支えるほどの成長を見せている。日本で言う数兆円産業なのだ。国民の生活レベルを上げることにも寄与するほどだから、期待を一身に集めている。成績が良い子供がいれば将来ＩＴエンジニアにしたいと願うのが今のアジアなのだ。

確かに日本はアジア諸国の中では、一足早く経済成長を成し遂げた経緯がある。しかし、その背景にＩＴという業界は存在していなかった。現在、経済成長を続けるアジア各国はＩＴを武器にしながらそれを成し遂げようとしている。日本が武器にしてきた自動車や家電、造船といった産業と同様、彼らにとってＩＴ産業は成長のための一躍を担う存在なのだ。だからＩＴに対する期待も考え方も違う。経済成長の果てに生まれた日本のＩＴ業界と、今まさにＩＴ業界を中心として成長し、飛躍を目指すアジア各国では、違いがあって当然だろう。

アジアのＩＴ業界に日本が飲み込まれる？

例えばＩＴ産業の成長が著しいインドでは、業界全体の取り組みが違う。ＣＭＭＩレベル５という最大級の評価を持つ企業が多く、プロジェクトマネジメントを含めた総合的な力はもっとも高いといえる。インドの算数教育では小さい頃から二桁、三桁の掛け算を教え込む。もちろん丸暗記だが、ゆとり教育を推進するあまり教育レベルが下がった日本と比べると違いは歴然だ。さらに、前述したように大学進学を果たすエリート層の勉強の密度が異なる。世界中で活躍するインドのＩＴエンジニアは、まさに『選ばれし人々』なのだ。

余談になるが、インドの小学生が日本に留学した時の様子をあるテレビ番組で放映していた。感想を聞かれたインドの小学生は「日本の教育レベルは世界的に有名と思っていた。だけど実際にやってみたらあっけなくてびっくりした」と語った。高度な教育を進めているインド。トップクラスの人材がＩＴエンジニアとして輩出されている。日本との差は歴然といえよう。

一方、中国はどうだろう？　そもそも中国の経済成長を支えるのは何よりも人材供給量だ。優秀なＩＴエンジニア以前に、エンジニアの確保にさえ苦しむ日本を尻目に、彼らはそもそもすべてで桁が違う供給量を持っているのだ。バイタリティ溢れる起業家精神とあいまって、最新技術のキャッチアップにも余念がない。ＩＴ業界にはベンチャー企業が多いが、その視線の先は常に世界を見据えている。アジアのＩＴ業界の中では、特に日本市場を意識しているのが中国なのだ。日本語の扱いにも長けているし、日本語を話せる人材は韓国を大きく抜き、アジアの中ではナンバーワン。日本のビジネスパーソンよりも流暢に言語を操る姿を見ると、彼らの貪欲さ、ビジネスへの本気度を改めて痛感させられる。

さらにフィリピン、ベトナムなども加わり、いよいよアジアのＩＴ業界は日本を飲み込もうとしている。すでに、大手人材派遣会社はアジア各国に拠点を構え、真面目で勤勉なＩＴエンジニアを日本に送り込んでいる。日本のＩＴ業界は大きく取り残され、アジア各国のＩＴエンジニア抜きでは成立しなくなるだろう。

アジアのITエンジニア像

高い競争率を勝ち抜いてきた
エリート中のエリート
上昇志向が強く、常に
ハングリー精神を持つ
将来のキャリアパスを
明確に描いている
英語など語学力に長け、
欧米企業とも互角に渡りあえる

彼らの優秀さを知れば知るほど、日本の現状が浮き彫りになることがお分かりいただけるはずだ。経営者の方々は、このようなＩＴ業界の現状を直視してもらいたい。

中小企業は低レベルなITエンジニアの巣窟

落ちこぼれたエンジニアの終着駅

優秀なITエンジニアを輩出することが急務となっている我が国、日本。そもそも日本のITエンジニアの構図はどのようになっているかご存知だろうか？

まず、日本で数少ない優秀なITエンジニアは大手ベンダーが抱えることになる。これはこの章の冒頭でも述べたとおりだ。各国と市場競争を繰り広げている関係上、他の企業とは切迫度からして違うため当然の成り行きでもある。次に優秀なITエンジニアは大手企業に集まる。ついで、ベンダー寄りの中堅企業、そして中小企業の順で採用されるITエンジニアのレベルは落ちてゆくのだ。

アジアに置き去りにされる日本のIT業界。数少ない優秀な人材を争うように確保する大手ベンダー。そのさらに下層にある中小企業に本当に優秀なＩＴ担当者候補が集まるはずがないのだ。この構図に目を背けず、歴然たる事実として認識しなくてはならない。中途採用の大手企業経験者はおおむね溢れてしまった人材だったというケースが非常に多い。

それだけではない。そもそも本物志向のＩＴエンジニアは新しい技術を習得したいがために転職を繰り返している人が大勢いる。レベルどうこう以前に、自分がなりたい職種のためにわざわざ職を変えてまで、スキルを身につけたいと思う欲求が先行する「生き物」なのだ。

もし、そのような人物に重要なポジションを与えたらどうなるだろう？　彼らはもっとおいしい話を見つけたら、すぐに転職してしまう。もちろん、手をつけて未完了の仕事があっても、だ。

中小企業の経営者はそんなこととは知らず、彼らをありがたがって社内の重要なポジションに野放し状態で置いているのが現実なのだ。

中小企業のアナログぶりを知らないＩＴエンジニアたち

この事実を逆の立場から見たらどうだろう？　大手企業で経験を積んできたＩＴエンジ

ニアは、以前のポジションで力を発揮できない自分のレベルの低さを認識しているはずだ。もしくは認識しているが、気付かないフリをしているかのいずれかだということになる。

彼らが中小企業に来た場合、手放しで喜んでくれる経営者や社員たちにまず驚くだろう。社員はメールの使い方さえままならず、社長はＩＴと聞いただけで「わたしには分からないから全部まかせるよ」という始末だ。

こんな状況である。低レベルとはいえ、一般の人たちよりもコンピュータにもＩＴにも明るい彼らにとって、メールの不調を直したり、サーバのメンテナンスをするなどは造作もないこと。なんでこんなことができないのか？　と思いはしても、ＩＴについて何も理解できない他の社員の気持ちを分かろうとするわけがない。会社の情報化に取り掛かろうとしても、コンサルティングやマネジメントの能力は低いので、何から手をつけてよいか分からない。結果として、自分ができる範囲で権限を振り回す『低レベルなＩＴエンジニア＝ＩＴ担当者』が続々と生まれていくわけだ。

成果を求められない天国

中小企業という新しい土地に根を下ろした元大手企業出身のＩＴ担当者。会社では適当なプログラム作成や提案書作りをしていれば給料を払ってくれるので、大概は何もせずに広々とした空間をひとり締めできる。社長といえば「がんばってるかい？」とろくに仕事内容を聞くこともしない。たまに聞いてくるかもしれないが、用語をちりばめながら説明すれば、ほとんど「うんうん」とうなずいて帰ってくれる。そうなのだ。中小企業は彼らに成果を求めない。ＩＴ担当者にとって天国のような存在なのだ。マネジメントの能力はないが、なんだか分からないうちに重宝がられる居心地の良さ。大手企業からあふれた彼らにとって、これ以上の職場はないだろう。

最大の問題はＩＴ担当者に対してどういった結果を出して欲しいのか、会社自身が分かっていない点。ＩＴに対する認識が甘すぎるがゆえ、会社の情報化をどこに向かわせれば良いのか経営者が明確に答えることができない。「何だか分からないが、ＩＴはこれで大丈夫だ」などという甘い妄想は断ち切ったほうがよいのだ。

プロフェッショナルではない日本のＩＴ担当者

中途半端な経営者が中途半端なＩＴ担当者を生んでいる？

ここまでの話で現状の日本のＩＴ業界はいまや世界に追いついていないのがお分かり頂けたかと思う。しかし、そうした事情も飲み込めず、パソコンが得意というだけのＩＴ担当者や、ちょっとプログラムが組める程度の技術者が中小企業でのさばるのは経営者にも問題があるのも事実だ。

事情や技術の程度も飲み込めないのに平気で会社の重要なポストに三流のＩＴ担当者を置いてしまう経営者の考え方が問題なのだ。

ＩＴ部門と同様、貴方の会社の重要なポストに経理部門がある。経理部門の社員を採用するには最大限の注意を払うのはどこの会社も同じだろう。大切な資金の流れが外部に洩れないよう、不正がおきないよう最大限の努力をしているはずだ。極端な話、中小企業でも経理部門の社員を採用するとき、身辺調査を外部の興信所などに依頼するという話は別にめずらしくもない。だが、なぜＩＴ担当者にはそれをしないのか？　貴方の会社のサーバにある情報はある意味、銀行の口座にある資産よりも大切なものが多いはずだ。顧客の個人情報しかり、社員名簿、契約書類、持ち出されたり悪用されたら困るものばかりなことはすぐにお分かりいただけると思う。このような重要な資産に対しては「自分にはＩＴが分からないから」という理由だけで、ＩＴ担当者にはすべてのアクセスを許している。彼らがその気になれば、情報の改ざんや売却だって可能なのにだ。

ＩＴ知識が必須という誤解

「そんなことを言われても、こちらは忙しくてＩＴのことが分からないのだから仕方がないだろう！」

と、お怒りの方も多いだろう。確かに正論だ。だが、そもそもＩＴの話をするときに知識など最低限あればよいのだ。難しい略語はいちいち聞けばよいし、聞く事がいやでもインターネットで用語を検索すればほとんどすべての用語は解説されているではないか。「経営とITは切り離せない」とよく言われるが、これは何も経営者がIT知識を深めなければならないということではない。ITを経営にどのように活かしてしていくか、という本質が理解できていればよいだけだ。用語を扱うだけでプロフェッショナルな気分になるような時代はとうに過ぎている。信仰じみたIT唯一論が日本のIT業界をおかしな方向に向かわせてしまったのだ。貴方の会社のIT化が少しばかり遅れたところで、三流IT担当者にすべてをまかせてまで事を急ぐ必要などない。

IT担当者にしてもそうだ。彼らに会計システムを任せたいと思っていても、管理会計を一から学べというのは無理な話。要はこうしたお互いの情報を補完しあう、本当の意味での情報共有化が急務なのだ。

いまある人材で経営の質を高める。これが貴方の会社に課せられた使命なのであって、急造IT担当者を雇い入れたからといって情報化が進むと思ったら大間違いなのだ。

中小企業にIT担当者は本当に必要？

中小企業がIT担当者を決める際の基準がそもそも曖昧だ。冒頭でお話した「パソコンが得意」だから、なんていう理由で会社の重要なポジションを与えてよいはずがないのだ。

プログラムができるからIT担当者にするというのも論外だ。

「でも、どうやって基準を設けるんだ」

とおっしゃる経営者もいると思う。もちろん、そういった基準を設けるのは難しいし、それを決めなかったためにIT担当者は総じておかしな方向へ進んでしまう。

日本のITエンジニアは圧倒的にSE志向が多い。しかし、SEの本来のスキルや仕事内容を理解している人は少ない。プロジェクトマネジメントやコンサルティング、マーケティングに関する理解が乏しく、自分がどの方向へ向かいたいのかを正確に把握すらしていないのだ。

一方で、彼・彼女らを採用する企業にも大きな問題がある。これらの企業は果たして、どれくらいのスキルを持つIT担当者が必要なのか？　ネットワークサービスの知識が足りないのか？　海外に拠点が欲しいのでアウトソーシングをマネジメントできる能力がほしいのか？　このように求めるスキルを明確にしないとならない。その基準をクリアしているIT担当者なら優秀でなくてもよいのだ。レベルに合った仕事を与えれば、それに見合った働きをしてくれるはずではないか。

しかし、それができていないから悲惨な結末になる。前出のITスキル標準にしても結果として大手ITベンダーが官公庁の仕事をとるための指針と成り下がっている。もとも

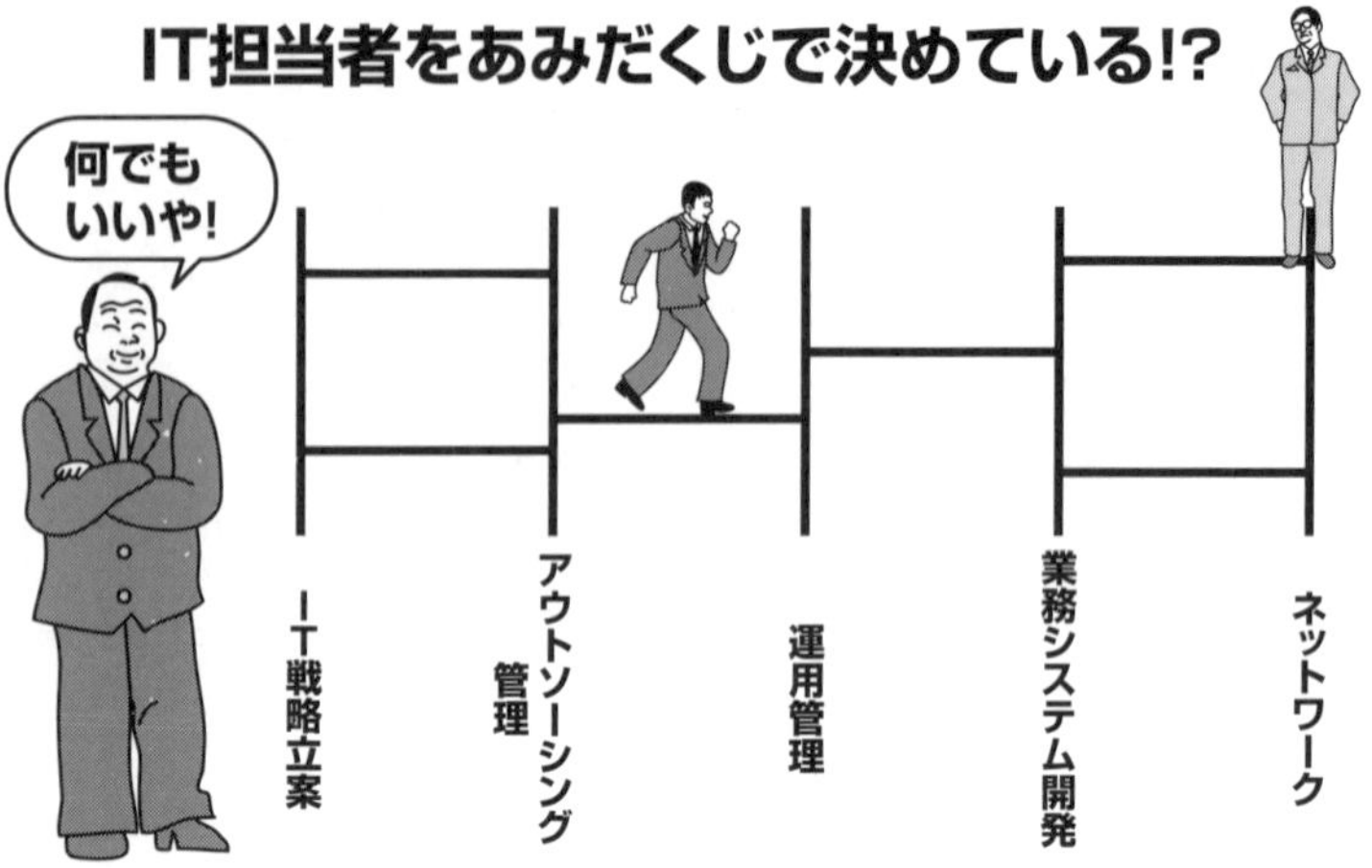

と、お役所が作った基準なのだから、仕方のない側面はあるが、既に形骸化されてしまい、この基準でＩＴ担当者のスキルを見極めるのは難しい。企業経営は常に変化しており、このような一義的な物差しで中小企業のＩＴ担当者の優劣を測ることはできない。

「ＩＴ担当者としてのスキルを見極めるのは難しいよ」

このように感じるならば、経営者自身がＩＴ担当者になればよい。何をしているのか分からないようなＩＴ担当者に比べれば、経営を１００％把握している貴方こそが、このポストに適任だ。

コラム②

二代目社長が陥るIT化の罠

団塊の世代が次々とビジネス戦線から遠ざかる中、台頭してきたのが二代目社長と呼ばれる人々。経済成長期に会社を立ち上げ、自らの手足で築きあげた創業者とは違い、二代目社長は子供のころからパソコンを手足のように操り育ってきた。

もちろん、社長の息子だけあって頭脳は非常に優秀だ。一流大学を出て情報処理を学んでいることも少なくない。そんな二代目社長に期待を寄せている社員も大勢いるだろう。「これで我が社もIT化に邁進し、大きく飛躍するはずだ」

しかし、ここに大きな罠がある。それはITに詳しすぎるがゆえに起こる悲劇だ。「おれはITに詳しい」。この自負が会社に大きな軌道修正を強要する。

お得意の情報処理の知識とIT系のウェブサイトで知った新しいソリューションを導入したがる。経営論は叩き込まれているが、まだまだ実戦不足であるため、人の言うことをなかなか聞かない。自分がやっていることが過剰な投資であることに気づかない。

成功するならそれはそれで結構なことだが、多くの場合この時点で結末は見えている。創業者と仲間たちが血肉を捧げて築きあげた会社も、息子が過剰なシステムを導入したがために終焉を迎えることとなるのだ。

中小企業の場合、過剰投資を取り戻すことは容易なことではない。ITに詳しいことは決してマイナスには作用しないはずなので、うまく二代目社長をコントロールできるよう、信頼できる外部のITコンサルタントなどを顧問につけておくなど対策を講じておこう。

第2章

ブラックボックス化するＩＴ担当者の恐怖

何をしているか分からないＩＴ担当者たち

ＩＴは経営に必須な条件という思い込み

「ＩＴ化は経営に不可欠な要素だ」

こう胸を張って語りだす経営者がいる。これは半分正しく、半分は間違っている。これまで、企業として成り立っているという事実があるなら、経営はある程度うまくいっている。そのことを前提として「ＩＴによって何が変わるのか？」を考えていくのだ。実はここに大きなポイントがある。

「何だか分からないが、ＩＴによって会社に変革が起きるらしい」と考えている経営者が実は多いのだが、現実の世界ではＩＴだけで業績が伸びることはまず少ない。正しくリソースを配置し、ＩＴを最大活用できれば話は別だが、ただ闇雲に導入するだけでは使いもしないゲーム機を買うのとなんら変わらないのだ。業種によっては今のままがよいが、関連企業の要請でＩＴ化をしなくてはならない、という例もある。それは仕方がないだろうが、ＩＴの導入を決定づける「情報を共有し、活用する」という目的に合致しなければ必要最小限に留めたほうが賢明だ。

ところが、多くの企業は流されるままにＩＴを導入したり、無茶なＩＴ担当者の配置を考えたりしてしまう。今まで堅実に歩んできた経営者が、そのようなことをなぜ考えてしまうのか。その心理的背景には、ＩＴ担当者が「自分が知らない、理解できない」仕事を平然とやってのけているという思い込みがある。しかし、考えて欲しい。営業パーソンが話術で何千万もの契約を取るほうが、ビジネスとしてのレベルは遥かに高いのではないか。プログラムを書けることとは別に特別なことではなく、メールの不調を魔法のように直すことも全然すごいことではないのだ。多少、ＩＴを学んだ者ならば、そんなことはできて当たり前。

さて、そんな〈すごそうな〉ＩＴ担当者がＩＴ化を提案してくるのだ。内容をよく吟味しないでＧＯを出してから後悔するよりも、経営者ならば、まずは会社の経営を助け、情報を現場の社員や経営層がうまく活用できる仕組みを作れるかどうかぐらいは考察してほしい。どこで何をするとＩＴがビジネスとうまく融合するのか。これが大事なのに「ＩＴは分からないがすごそうだ」という思い込みだけで、ＩＴ担当者に任せっきりではいけない。ＩＴを

IT担当者も報・連・相

メンテナンス作業の定期報告
報告
トラブル発生時の緊急連絡
連絡
システム導入の可否を相談
相談

導入することは大切なことだが、それ自体が目的ならばスッパリとやめたほうがよい。

IT担当者に「報・連・相」を徹底させる

ＩＴ化の本質を知りたいのなら、貴方の会社のＩＴ担当者が何をやっているかを知ることが先決だ。まずこれを知ることからはじめたい。方法はシンプルかつ簡単だ。昔ながらのやり方「報・連・相」を徹底させればよいのだ。

報告、連絡、相談の必要が発生すれば、いくら理論武装したＩＴ用語ばかり話してくるＩＴ担当者もさすがにすべてを専門用語で語ることは難しくなる。会社から優秀という評価を得ているＩＴ担当者が実は三流である事実はここまで説明してきたとおり。彼らは実際にはすごいと思えるようなことは何もしていない。ＩＴ担当者にやらせてみよう。彼らにとっても経営を考えるよい機会を与えているぐらいに思えばよいのだ。その代表的なものが「報・連・相」なのだ。

報告、連絡、相談のメリットは、彼らが何をしているのか今まで分からなかったことを知ることができる点にある。会社にとって本当にプラスの人材なのか？　まずそれが分からなければ、今、会社が取り組んでいるＩＴがますます見えないものになってしまう。

『文書化』でIT担当者の仕事内容を明らかに

報・連・相がうまく機能し始めたら、次はIT担当者の『文書化』を浸透させよう。なぜ、文書化が必要なのか？　実は、この文書化はブラックボックス化を防ぐ最も効果的な対策であるのだ。

ＩＴ担当者が日々の業務で作成しなければならないドキュメント類は非常に多岐に渡る。その数は営業パーソンなどとは比較にならない。例えば、システムを導入すれば運用手順書やユーザーマニュアルといったドキュメントが発生する。システムを開発中ならば、設計書だけでなく作業報告書も作成しなければならない。その他にも、パソコンやソフトウェアなどの資産管理表やサーバのアクセスログ管理表なども不可欠だ。

さて、貴方の会社ではこのようなドキュメント類をＩＴ担当者に作成させているだろうか。大抵の場合、ＩＴ担当者の頭の中に入ったままになっているのではないか。このことがブラックボックス化の大きな要因となっていることに早く気づくべきだ。

『文書化』の最大の効果は、ＩＴ担当者の業務を逐次確認できること。口頭レベルでは伝わらないことも文書化では明らかになる。それは、文書に落とし込む作業は言葉で伝えるよりも論理的な思考を要求するからだ。少なくとも相手にどう伝えればよいかをイメージしながら作成しなければならない。話し言葉のように、アト・サキが逆になってはならないのだ。

例えば、「○○と、○○と、○○をしました。まあ、システムのメンテナンス作業が多かったです」と口頭で伝えた場合、極めて曖昧であり、果たして何がメンテナンス作業に含まれるのかが分からない。これを文書に落とし込ませれば、どの作業がメンテナンスであり、なおかつ、その他の作業が何だったかが一目瞭然になるのだ。

肝心なのは、文書の内容が記録として残されるという事実。そして、IT担当者の仕事ぶりが文書を通して鮮明になる。そして、このような文書化を習慣にすれば、IT担当者の仕事ぶりも変わってくる。より論理的な思考で動くことができるようになり、何よりも自分の仕事内容をオープンにすることで、社内から多くの意見や知恵を集めることができるという事実に驚くだろう。つまり、IT担当者が組織プレーを身につけることができるのだ。

ブラックボックス化に陥りやすい企業の多くは、IT担当者の仕事ぶりを知ろうとしていない点にある。そして、ブラックボックス化を避けるためにも『報・連・相』と『文書化』という基本を徹底させる必要がある。何もIT担当者に限った話ではない。これは社会人としての基礎なのだ。

気づかぬうちにブラックボックス化に陥っている！

ＩＴ担当者の仕事を理解しない経営者

ＩＴ担当者のレベルやスキルを把握していない会社が、ＩＴ化を進めてしまったとしよう。そもそもそういう企業はＩＴに対しても幻想しか抱いておらず、情報共有化の本質も理解していない。で、どうなるか？　恐ろしいことに、会社のシステムをＩＴ担当者が牛耳るようになってしまう。つまり、周りの人間からは理解できない『ブラックボックス化』の現象に陥るのだ。

ブラックボックス化はその名の通り、何かをインプットすると別の何かがアウトプットされるのだが、肝心のその仕組みが分からないという状態。信頼できる自動車メーカーの部品ならば、どのように作られているかを詳しく知る必要はない。しかし、自分の会社のシステムについて何も知らないというのは、無責任であるし、かなり危険な状態だ。

ＩＴは、会社の根幹とも言える経理や顧客などのデータと直結している。これらのデータは「会社の命」と言っても過言ではない。そのような重要なデータが入ったシステムの中で、何が行われているのか全く知らないということは許されない。

例えば、経営層しか見てはいけない機密ファイルがあるとする。当然、それにはアクセス権限によって一部のユーザーしか操作できないようにしてあるはずだ。しかし、それは本当に安全といえるのか考えたことはあるだろうか？

「うちは安心だ。経理の流れも機密情報もアクセス権限によって明確に分けられている」と、思っている経営者もいるだろう。しかし、実際にはそんなこともないのだ。アクセス権を設定していても実際にはキーワードの設定が雑で、管理者権限で再ログインすれば、会社の重要な情報に誰でも簡単にアクセスできるようなお粗末なシステムも多い。よく笑い話になぞらえる、ＩＤとパスワードをメモ書き、ディスプレイ横に貼り付けている管理者もいまだ多い。そして何よりも、ＩＴ担当者は社内でも数少ないファイルへ、いつでもアクセス可能な人材であることを忘れてはならない。本当に信頼できる人材なのか？　ここが大きな鍵を握る。

ＩＴ担当者が行っている日々の業務、特にテクニカルな面まで把握することは容易ではないだろう。しかし、「分からないから黙っておこう」では、ＩＴ担当者の業務が益々ブラックボックス化し、惨事を引き起こす要因を作りかねない。

大切な情報がどう流れているのか分からない。これはＩＴ化を進めるほどに深刻な問題になる。サーバに保管されている情報も日々蓄積し、既存のファイルも更新されている。吐き出されるデータや、ディスプレイから見える情報だけで社内のＩＴを判断しているようでは、ブラックボックス化しているシステム内で何が起こっているのかは不明のままだ。顧客情報や経理に関係してくる場合など、もっと危険度が増してくる。

ＩＴの中身はよく知らない。もはや、それでは済まされない。昨今、内部統制や日本版ＳＯＸ法の話題が大きく扱われるのも、ブラックボックス化に陥り、不正が発生しやすい温床が社内にできやすくなっているからだ。もし、何か事故があったときにＩＴ担当者に責任を問うことは難しいだろう。責任の所在は経営者にある。「知りませんでした」は通用しない時代であることを、もう一度認識すべきだ。

貴方の会社は、本当にＩＴ担当者のスキルやレベルを理解しているだろうか。そして、システムの中身を大まかにでも理解しているだろうか。ハッキリ言おう。日本の企業、特に中小企業の多くがブラックボックス化の兆候に陥っている。それでも貴方は「うちのＩＴ担当者は信頼が置ける優秀な人材だから心配御無用！」と言い切ることができるだろうか？

経理や総務との兼任が多いのも事実

ＩＴ担当者を、きちんと明確なスキルとレベルを把握したうえで配属させている中小企業も、数は少ないが存在している。しかし、その場合も経理部もしくは総務部といったポジションと兼任しているケースも多い。そういう企業にとって、いや、そうでなくともＩＴ担当者というのは考えている以上に重要なポストであることを認識して欲しい。

兼任の場合、もっとも信頼できる人物に任せきりということになる。だが、余りにも放置しすぎた結果、ブラックボックス化に拍車をかけている会社もある。会社の命運も含めてＩＴ担当者に任せるというのであれば、それはそれで構わない。だが、多くの社員や経営者にとって、これまで築きあげてきた組織はかけがえのないものであるはずだ。

会社の根幹をも揺るがしかねないＩＴ担当者。果たして、上司は誰なのか？　そして本来ならば、誰が就くべきなのか？　その答えは後ほど詳しく解説するが、まずはこのブラックボックス化から脱却し、透明でクリーンなＩＴを導入することこそ、会社のトップの責任なのである。ＩＴは決して人任せで済むような代物ではないのだ。

ＩＴは難しい。テクニカルな面は分からないことも多い。ならば、ＩＴの本質をつかむ努力をし、テクニカルな面は専門家に任せればよい。三文字用語を血眼で覚える必要はない。ブラックボックス化という無責任な状態を放置し続けている事実の方がよほど重い。

経営者からのトップダウンという組織本来の姿をＩＴ担当者にも適用すればよいのだ。

適任は社長の奥さんです!

機密情報〈経理データ〉にアクセス可能な事実

前項で述べたように、ＩＴ担当者は経理データにもアクセスできてしまう。これはどんな優秀なＩＴ担当者を置いたとして揺るがしがたい事実なのだ。彼がある日、ポルシェに乗ってきたらどうなる? ブラックボックス化しているシステムが吐き出したデータと帳簿をにらんでもみても不審そうな部分は何も出てこないはずだ。これは極端な例といえるが、聞かない話ではない。ある日、突然身なりが良くなるＩＴ担当者は、どの規模の企業でもありえる話なのだ。

中小企業の場合、経理は社長の奥さんが見ているというところが多い。これは実に理にかなった話だ。社長が一番心を許し、信頼している他人。これは夫婦ということになるからだ。一方のＩＴ担当者に、そこまでの信頼をおいている経営者は少ない。そもそも雇用する時点で人選を誤っているケースがほとんどなのだ。

ＩＴ化により、社内の業務がブラックボックス化していく過程で、会社の経理や資金の流れを把握できてしまうのがＩＴ担当者だ。経営者であるなら、経理部が何をしているのかしっかりと把握しているはず。だからこそ、リスク管理の一環として、ＩＴ担当者の業務の流れも知っておくべきだろう。

ＩＴ担当者が軽視される風潮

ＩＴ担当者は経理部の社員に比べ、ずいぶん軽く見られているのが実情。会社の根幹に関わる情報もすべて筒抜けだというのに、ろくに人物も知ろうとしない。経営者は各部署の業務には詳しいので、口やかましい人も多い。しかし、ＩＴ担当者についてはノータッチなのだ。

前章でも述べたが、経理部門の人事採用に関しては身辺調査まで行うほど慎重なのに、ＩＴ担当者にはそれがない。パソコンオタクの社員に機密情報をホイと渡しているのと同じなのだ。この事実に気づかなければ、それははっきりいって経営の危機といえる。人となりが良さそうな人物で悪用などしないと思い込むのは勝手だが、そういう情報が簡単に見えてしまう以上、多大なリスクを背負っていることを認識すべきなのだ。

世の中を騒がせている個人情報の漏えい事件。操作ミスによる事故であるケースが多いが、安易にサーバへのアクセス権を与えたために悪用を考える人物が起こした犯行であったという例も後を絶たない。慎重に選ぶべき人材を「経験者」「パソコンに詳しい」という理由で決定してしまう中小企業。「信用」や「信頼」といった部分に対しても、経理部門と同じような基準で見定める意識が大切だ。

ＩＴの知識面を外部に任せてしまう

「そんなことを言っても、ウチは信頼のおけるＩＴ担当者を雇うような状況じゃない！」とおっしゃる経営者もいるだろう。確かに、優秀で信頼できる人物などそうそう雇うことはできない。だからといって、なんでもよいというのは無責任すぎる。

ならば、思い切って外部に任せてしまうという方法もありだ。経理部にしても最終的には第三者である税理士に面倒を見てもらう中小企業がほとんどだろう。経理のプロなら信頼できるし、不正を考える者に対しても歯止めが効く。何よりもプロフェッショナルとし

信頼できる人間に

てのよきアドバイザーとして的確な分析をしてくれるのはありがたいことだ。

ＩＴ担当者もそれと同じなのだ。ＩＴのプロであるコンサルタントなどに依頼し、ＩＴのテクニカルな面を見させればよい。もちろん、税理士がそうであるように、ＩＴについてよき相談相手になってくれるはずだ。

ＩＴは経理と同じぐらい大切な業務ということはお分かりいただけたかと思う。だからこそ慎重な姿勢を持っていただきたい。第三者機関ならば遠慮もいらないし、素直にアドバイスを受け入れられるはず。貴方の奥さんがＩＴに詳しければ一番だが、外部のＩＴプロフェッショナルに任せるという選択肢を覚えておきたい。

◆　◆　◆

さて、次項からは実際の事例を交えながら、ブラックボックス化の実態を解き明かしていきたい。

バックアップを本当にとっていますか？

バックアップひとつで企業は崩壊する!?

「バックアップ」

言葉だけでも分かるようにサーバ上のデータやデータベース内の情報を複製して保存しておくことだ。

バックアップは企業にとって必須。大切な情報が突然失われてもすぐに復旧することができるからだ。しかし、このバックアップが実はクセもので、定期的に実行するよう自動機能を使わない限り、手動で行う必要がある。ここに『穴』が生じる。

バックアップは重要である。ＩＴ担当者はこの事実を当然知っている。会社も分かっているし、実行していると思っているはずだ。しかし、経営者の貴方は本当にＩＴ担当者が大切なデータのバックアップを実行していると言い切れるだろうか？

ある日、会社に出勤してきた社員が気づく。「サーバにアクセスできない」。経営者にもこの情報はすぐに届いた。目の前にあるパソコンでサーバにアクセスしようとしたが、やはり無理だ。ＩＴ担当者を呼び出す。

「どうやら、昨晩サーバがハードウェアトラブルによって止まってしまったようです」

という報告があがってきた。当然、セカンダリサーバ（予備サーバ）を持つ余裕はなかったので1台のサーバにすべての情報が入っている。復旧を待つ経営者のもとにＩＴ担当者から連絡が入ってきた。

「電源トラブルでハードディスクが損傷したようです。これから予備のディスクに入れ替えます」

一番恐れていた状況だ。購入先のベンダーも駆けつけ、なんとかハードウェアはすぐに稼動を再開した。幸いプライマリディスク（システムが入っているディスク）には異常がなかったため、システムもすぐに動き始めたようだ。

しかし……大切なデータが入っているハードディスクはかなりのダメージを受けているようで完全な復旧は難しそうだ。そこで経営者が言う。

「バックアップしたデータを新しいディスクに入れてすぐに業務を開始できるようにしてくれ」

ＩＴ担当者は平然と答えた。

「え？　バックアップはベンダーさんにやってもらうと言ってませんでした？」

まさに悪夢。救われない状況だ。結局このケースの場合、最悪すべてのデータが水泡と帰す。データ復旧専門会社に依頼すれば、１メガバイト当たり数万円という高額な支払いが発生し、なおかつすべてのデータが復旧する保証はどこにもない。

実はこの会社、ベンダーにハードウェアを導入させたときに「運用する際には必ずバックアップをとるように」と言われていたそうだ。これがいつの間にか言葉尻だけになって、誰もそれを実行していなかった。ＩＴ担当者だけでなく、そのことについて無関心だった経営者の責任も重い。

こういったケースが笑い話だと思ったら大間違いだ。もちろん、データが全部なくなるような事故は、ハードウェアが丈夫になったり、バックアップの仕組みが容易に構築できるなどテクノロジーの進化により随分減った。運用ルールを設けてバックアップを定期的に実行しているといっても、最悪数日分のデータはいつでも危険にさらされていることを忘れてはならない。ビジネスコンテュニティ（注10）を求められるサービス業（インターネット通販など）の場合、こうした事故が起これば企業の信頼は失墜し、存亡の危機に陥る。だからこそ、『バックアップはどこにあり、いつ実行しているのか？』ということを定期的にチェックしておく体制が必要なのだ。これは、最終的に事故の責任をとるべき経営者が把握していなければならない。

注10：日本語に訳すと「事業継続性」。企業が地震や水害、テロなどにより事業を中断せざるを得ない状況に見舞われても、通常の事業活動に復旧できる能力のこと。企業価値を判断する上でも重要な視点になりつつある。有事の際に備えて事業継続計画書（ＢＣＰ）を策定する企業も増えている。

ＩＴ担当者しか知らないパスワードの恐怖

ログインできないサーバほど役に立たないものはない

ＩＴ担当者の仕事のひとつにサーバのメンテナンスや監視業務がある。安定稼動状態であっても、万一に備えてハードウェアやソフトウェアの調子をみておくことは重要だ。特に基幹システムのメインサーバなどは、常日頃からチェックに怠りがないという会社がほとんどだろう。

この作業を実施するにはシステムにログインする必要がある。つまり、管理者権限を持つＩＤとパスワードがなければ操作できない。これはセキュリティ面を考えれば当然のことで、多くのシステムは何通りかの管理者権限を持つユーザーだけを対象に操作できるようにしている。では、このＩＤとパスワードは誰が管理すべきなのか？　ＩＴ担当者に一任してしまっている企業が多いのではないだろうか？

「すみません。実家の母が急病で倒れたので2〜3日ほど休暇をいただきます」

ＩＴ担当者の知らせに経営者はすぐに飛び立つよう伝えた。サーバの運用に不安がよぎるが、簡単な操作なら任せられる部下が数名いるし、いまは安定稼動している。会社のことは心配するなと付け加えて電話を切り、その日は通常業務をこなした。

変化があったのは翌日だ。突然サーバが不調に陥った。どうやら、社員の誰かが不正な操作を行ったらしく、再起動が必要になったのだ。サーバの操作ができる部下を呼びつけ、再起動するように命令した。しかし……サーバの再起動をするためには管理者権限のＩＤとパスワードが必要という事実が判明。経営者はもちろん、部下にもそれが分からない。一応、共通の管理者権限のＩＤとパスワードがあったはずだが、それが通じない。経営者はＩＴ担当者に至急連絡をとる。しかし、病院内にいるのか圏外なのか、携帯電話は一向に繋がらない（後日聞くと、家に忘れて飛び出してしまったそうだ…）。遠隔地の実家のため、掴まえる手段が見つからない。

結局、その日の業務は昔ながらの手作業でこなし、留守電を聞いたＩＴ担当者から会社に連絡がきたのは翌日のこと。

「今、帰宅したところです。ええと……共通の管理者権限IDとパスワードは危険だとマニュアルに記載してあったので、私が変更しておきました」とのことだった。すぐさまIDとパスワードを聞き出し、再起動するとすんなりサーバは稼動を始めた…。

被害は最小限だったとはいえ、会社の基幹システムの命運がIT担当者に握られている事実が浮き彫りとなった事件だ。悪気はないにしても、簡単な操作すらできないことに愕然とするはずである。これは大きな経営リスクであると認識すべきだろう。

管理者権限のIDとパスワードは非常に重要な会社の機密事項だ。確かに共通のIDとパスワードを持つことはセキュリティの面からみて危険極まりない行為だといえる。しかし、それ以上に業務に支障がでるほど大切な『鍵』をＩＴ担当者にだけ持たせたきりというのは、あまりにもお粗末。例えば、経営者専用の管理者権限ＩＤとパスワードを用意しておくなど、万が一に備えた対策を講じておくべきだ。

いつの間にか、違法コピーの温床に

会社で購入したソフトウェアを勝手にコピー

ＩＴ担当者の倫理感。この感覚が正常でなければ、会社に悪影響を与えかねない。ほかの社員同様、普段の行動にも目を光らせておく必要がある。

例えば、著作権関連の価値観と倫理観も大切な要素だ。一般社会でもたびたび問題提起されているのはご存知のとおり。音楽ＣＤ、ビデオＤＶＤ、これらの違法コピーは後を絶たない。同じように「海賊版」といわれるソフトウェアも世の中に氾濫している。インターネットの世界では高額なソフトウェアのデータが無料で入手することもでき、電気街を歩けばアジア圏から輸入された海賊版ＣＤが当然のように販売されている。悲しいが、現代はそんな世の中なのだ。

「社長、うちってすごいですよね。最新のソフトウェアが全部のパソコンにインストールしてあるなんて！」

社内の女性社員と話をしているうちにこんな話題が飛び出してきた。確かにソフトウェアの最新版はIT担当者に購入させている。管理も一任しているが、全社員分購入できるほどの予算を認めた覚えはない。

ふと、気になり社内を見回ると、すべてのパソコンに最新版のオフィスソフトがインストールされていた。どこから予算が出ているのか？　不思議に思い、経理データを見てみる。怪しいところはない。ソフトウェア購入資金も情報システム室に割り当てた分だけだ。さっそくIT担当者に話を聞いてみる。

「えぇ？　あれってコピーできるんですよ。ネットワーク上で簡単にインストールできるので、すべてのパソコンに一括導入しておきました」

んんん？？？　どういうことだ？　ソフトの販売元のホームページへアクセスし、ユーザーライセンスを確認する。「1クライアント／○○○○○円」。やはりクライアントあたりの利用料金が発生する仕組みだ。IT担当者に再度質問する。

「大丈夫ですよ。バレなければいいんですよ」

絶句する経営者。これでは会社が違法コピーの温床になってしまう。さっそく、IT担当者には自宅待機を命令し、実情を調査する。結果は散々なものだった。オフィスソフトだけでなく、画像処理ソフト、デザイン作成ソフトなどの違法コピーもインストールされていた。

結果的に、各社員に事情を説明し、パソコン内から問題のソフトウェアを消去するように命令した。このアンインストール作業になんと1週間も掛かってしまったのだ…。

現実にこのような話は多い。ソフトウェアのほとんどには著作権があり、使用するためにはお金を払う必要がある。パッケージ製品は当然で、フリーウェアといえども商業利用では課金をとるような形態のものが多い。このIT担当者は特に倫理観が欠如しているが、程度の差こそあれ危険な人物はどこにでも存在している。IT担当者は最新のソフトウェアに触れる機会が多いので倫理観については特にチェックしておく必要があるのだ。このような事件が起きないよう、会社全体が違法コピーを許さない風土を作ることが望ましいだろう。

情報漏えいの原因はIT担当者？

機密情報のセキュリティを一任した結果…最悪の事態に

ＩＴ担当者はある意味、社長よりも社内の機密情報にアクセスしやすいポジションにいる。それだけではなく、社長のスキルではアクセスできない情報でもＩＴ担当者なら楽に手に届いてしまう。

社内のセキュリティを高めようと声高に叫び、ＩＣカードの入退出管理システムをはじめ、パソコンにも最新のセキュリティソフトを導入しているような会社があるとしよう。ほかの社員には手厳しく徹底するよう注文を突きつけるが、ＩＴ担当者については機密情報を扱わせているという意識に乏しい。ＩＴ担当者が聖人君子だとでも思っているのだろうか？

「○○○○株式会社　顧客情報５，０００人分流出！」

最近では珍しくない事件だ。企業だけでなく、官公庁においても個人情報や機密情報が流出しているご時勢だ。

「ウチは最新のセキュリティ技術を導入し、社員の教育もしっかり行っている。絶対に新聞に載るようなことはない！」

経営者がこう自負するように、この会社では最新のセキュリティソフト、ファイアウォール（注11）サーバにより、外部からのアクセスを完全にシャットアウト。さらに、データを送信した場合でも履歴が残るようにしてある。万が一、情報漏えいが起これば、すぐに犯人を特定することだって可能だ。これだけ揃えれば、そう信じきっていても無理はない。

しかし、結果的にこの会社は思わぬところから情報が盗み出されることになる。顧客からのクレームがきっかけで事態は発覚した。

「オタクの製品を購入した後から突然いかがわしい会社からのＤＭが増えた」

こんな苦情が相次いだ。さっそく調査に乗り出す。とはいえ、万全の対策を施していた経営者はいまだ半信半疑。サーバの履歴を見ても何も出てこず、紙媒体の持ち出しを考えたが、プリンターの履歴にも怪しいところはない。外部機関に相談したところ「サーバに

注11：外部から社内のネットワークに侵入できないように防ぐシステムのこと。また、そのような機能が組み込まれたサーバのことを指す。

ファイル交換ソフトで情報漏えい

インターネット上で不特定多数のコンピュータとファイルを交換するためのソフトをインストールしたパソコンがウイルスに感染すると、内部の情報がインターネット上に漏えいしてしまう。もし、IT担当者がこのソフトをインストールしていたとしたら……。

直接アクセス可能な部署ならコピーは可能」という結果が返ってきた。

恐る恐るIT担当者を呼び出した。問答を続けるうちに、どうやらこの人物が社外に情報を持ち出し、いくばくかの利益を得ていたことが発覚した…。


この話は実に多くのことを教えてくれる。セキュリティ問題、特に情報漏えいの多くは社内犯行であるケースが多い。これは歴然とした事実で、確信犯であるかそうでないかの違いがあるぐらいだ。この例では、外部の怪しい団体に売りつけ、利益を得るという明らかな犯罪行為だったが、機密情報にアクセスできるという感覚が麻痺して、「これくらい問題ない」と安易な考えで情報にアクセスしているIT担当者も多いだろう。外部のベンダーとメールでやりとりしているうちに、うっかりデータを添付するというミスだってありえるのだ。

最大の問題点は、IT担当者を特別扱いし、監視の対象から外していたという事実。しっかり監督していればこのような事件は起きなかったはずだ。IT担当者が何をしているのか？　どこにアクセス可能なのか？　そのことを把握しているだけでも一定の歯止めが効くはずなのだが…。

「自分以外は何をしているのか分からないだろう」という妙な安心感が、悪意やミスを誘発するという事実を忘れてはならない。

ブラックボックス化の危険信号

それでも貴方は「ウチは大丈夫!」と言い切れますか?

ここまで述べてきたように、ＩＴ担当者の業務がブラックボックス化することにより、企業にとって極めて深刻な事故が発生する可能性が飛躍的に高まることが分かるだろう。

とはいえ、そんなことはＩＴ担当者に限らない。例えば、テレビや新聞の見出しを賑わせた多額の横領事件。これも、経理担当者の業務内容がブラックボックス化していたからに他ならない。架空口座を作っても誰も気づかないし、その人の生活が妙に派手になっても誰も気に留めない。この周囲の反応には、〝何をやっているかわからない〟という疑心暗鬼的な視点以前に、〝大丈夫だろう〟という楽観的な性善説に基づく心理が占めているようだ。〝あいつは危ない〟という危機意識を少しでも持ちえていたならば、少なくとも一挙手一投足に神経を尖らすだろう。

だからといって「社内の人間すべてを泥棒と思え」と言っているのではない。少なくとも、他のスタッフがどんな業務をしているのかくらいは知っておかなくてはならない。報・連・相も、それを知るための手段のひとつなのだ。

まずは自社のＩＴ担当者はじっくりウォッチして欲しい。本当に、貴方は「ウチはブラックボックス化していない！」と言い切れるだろうか？

◆　◆　◆

ＩＴ担当者の業務がブラックボックス化しているか否かを知るためには、客観的なチェック項目が必要だろう。そこで、次頁に《ブラックボックス度診断表》を用意したので、ぜひ試して欲しい。この診断表は我々が日々の企業支援活動の経験に基づいて作成したものだ。特に中小企業など小さな組織で発生するブラックボックス化症状の端的な例をいくつか項目として列挙した。なお、診断結果の解説については巻末に掲載しているのでぜひチェックしてもらいたい。

【ブラックボックス度診断表】

まずは、YESと思う項目にチェックしていこう。

果たして、貴方の会社のＩＴ担当者ブラックボックス度は？

ＩＴ担当者のポジションについて

- □ ＩＴ担当者は他の業務との兼任である
- □ パソコンが詳しいというだけでＩＴ担当者を決めた
- □ ＩＴ担当者に明確な上司がいない
- □ ＩＴ担当者の採用の決め手は「前職が大手ＩＴベンダーのＳＥ」だから
- □ 経営者とＩＴ担当者の間で打ち合わせの場を設けていない
- □ ＩＴ担当者に他部門の業務知識は必要ないと考えている

ＩＴ担当者の周辺について

- □ 自宅のノートＰＣを社内に持ち込んで作業をしている担当者がいる
- □ ＩＴ担当者が使用しているＰＣにはやたらとソフトウェアがインストールされている
- □ 常に忙しそうだが同じ事をいつもしているようにも見える
- □ ＩＴ担当者の机の上が片付いていない

ＩＴ担当者の日常について

- □　ＩＴ担当者の業務に関するスケジュール（計画）がない
- □　ＩＴ担当者からの業務報告、業務説明がない
- □　ＩＴ担当者がプログラムを組み自作ソフトウェアを作成している
- □「これは自分にしかできません」というセリフをよく聞く
- □　ＩＴ担当者が社内の機密情報に自由にアクセスできる状態だ
- □　ＩＴ担当者がサーバールーム（電算室）にいることが多い
- □　ＩＴ担当者を増員して欲しいと言ってくる
- □　ＩＴ担当者が使用しているＰＣの中身を誰も見たことがない
- □　ＩＴ担当者の席は社内の奥まったところにある
- □　主な業務が各部門から依頼されたデータの集計や資料作成になっている
- □　社内のパソコントラブルにＩＴ担当者が忙殺されている

業者・ベンダーとのやり取りについて

- □　外部委託時に相見積もりをとっているのかはＩＴ担当者にしかわからない
- □　外部委託先の企業情報、特長、開発実績、得意分野などはＩＴ担当者しか知らない
- □　自社のシステムをどの業者に発注しているか知らない
- □　システム開発の発注業者は何年も変わらない

□ システム保守の機能追加や修正などは、ＩＴ担当者の決裁のみで行われている

社内のＩＴ環境について

□ 社内システムは基本的にＩＴ担当者だけの意見を参考に構築した

□ 購入したソフトウェア、ＰＣなどの機器類、使用回線の契約書（ライセンス含む）、保証書（保守期間含む）が、どこに保管されているのかがＩＴ担当者にしかわからない

□ 担当者以外、サーバの管理画面へのパスワードを知らない

□ バックアップ記録が残っていない（見たことがない）

□ バックアップデータの保管場所はＩＴ担当者だけが知っている

□ 知らない間にＯｆｆｉｃｅソフトのバージョンが更新されている

□ 社員のログインパスワードはＩＴ担当者だけが管理している

□ サーバへのアクセスログが記録されていない（もしくは記録の担当者がＩＴ担当者のみ）

□ ＩＴの運用マニュアル（指針）が整備されていない

□ 何の業務に使用するのか不明なソフトウェアが社内にある

□ ＩＴ担当者が３日休んだら社内の業務が滞り、仕事にならないだろう

第3章

ＩＴ担当者に捧げる『7つの教訓』

教訓—其の一　なんでもできると思うな！　うぬぼれるな！

「ITにあかるいから大丈夫」としてしまう風潮

　ここまで繰り返し述べてきたが、ＩＴ担当者がコンピュータに詳しいからといって、周囲が手放しに褒め称えるのは良くない。企業側は、まずこの姿勢から直すべきだろう。周りからもてはやされるばかりに調子づかせてしまうことは特に好ましくない。まずは、経営者を含め、社員も皆このことをよく認識しておかないとダメだ。

　プログラムやパソコンのメンテナンスなど、できて当たり前なのである。そうでなくてはＩＴ担当者という重要なポストに就ける意味などない。それをさもありがたがってしまうところに問題がある。度が越してしまうと、ＩＴ担当者は周りを見下すようになってくる。これはここまで散々述べてきた通りだ。経理部の社員は営業部の社員が経理処理を知らないからといって蔑んだりはしないだろう。他の部署間だってそうだ。要するにＩＴ担当者はＩＴに詳しくて当たり前、それが何だと思うぐらいの意識が必要なのだ。

ＩＴ担当者自身も、そんな周囲の風潮に舞い上がり、うぬぼれてはいけない。知識などあって当たり前。要は、会社の中でどのような貢献ができるかが大切なこと。求められるのは知識ではなく『実践力』なのだ。

社内業務の理解が先決

それともうひとつ、ＩＴ担当者に必要不可欠なのは社内業務の理解だ。新人研修のときには、自分の会社がどのような仕組みで動いているのか散々説明するのに、ＩＴ担当者には不十分なケースが多い。うちの会社は材料をどこから仕入れ、加工する部門と、それを管理する品質管理部門、販売する営業部門云々……とＩＴ担当者は現場に足を運び、よく観察してみるとよい。一生懸命働く同じ会社の仲間たちを見れば、もう少し現場のニーズを汲み取ったアイデアが生まれるかもしれない。まずは何をさせたいのかを明確にするうえでも、これはぜひ徹底して欲しい。

暴走するＩＴ担当者は業務理解の視点がない。業務の把握と理解なくして、ＩＴ化など

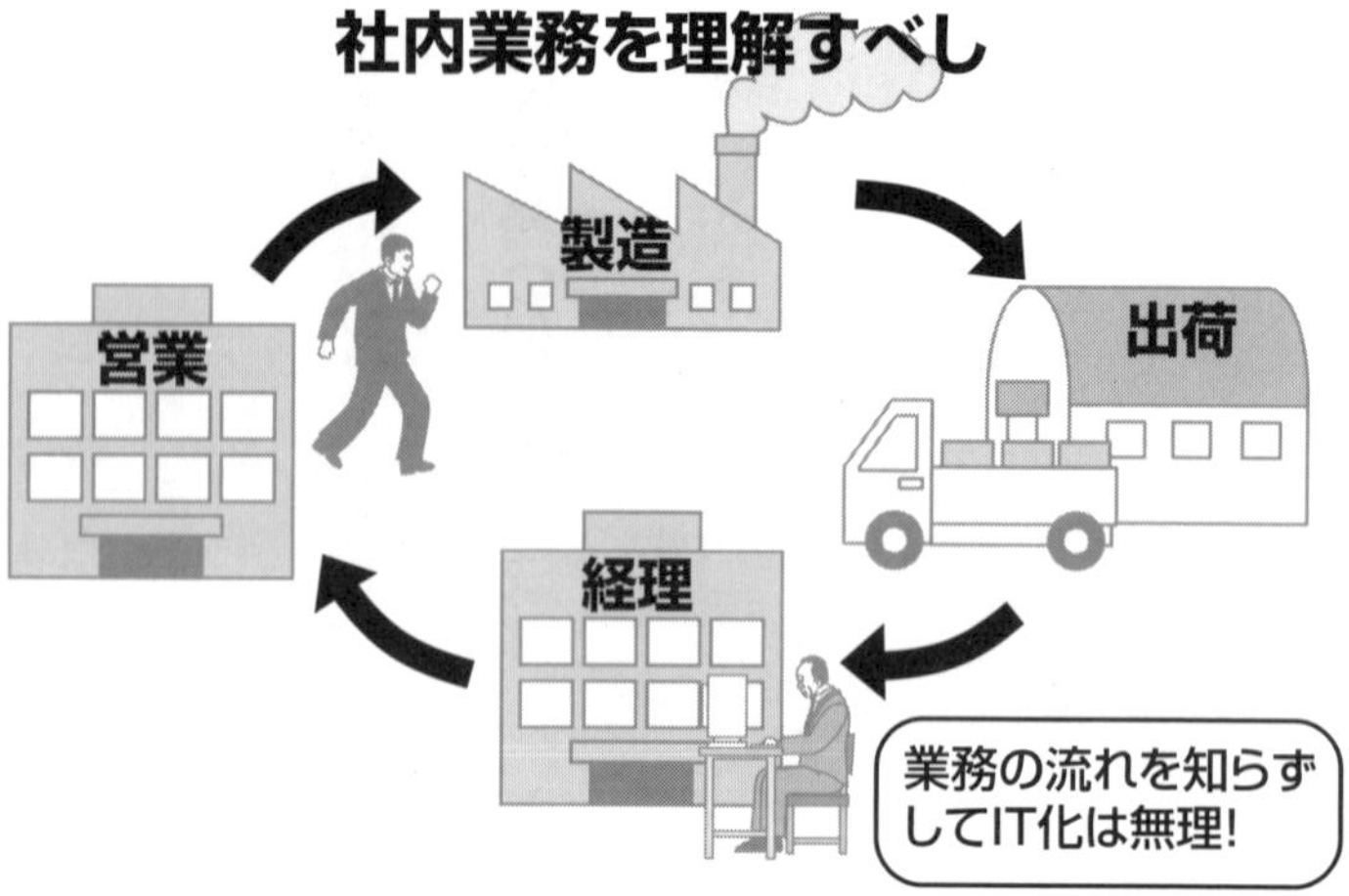
社内業務を理解すべし
製造
営業
出荷
経理
業務の流れを知らずしてIT化は無理!

絶対に行えないはずなのに……。例えば、全社の各部門で発生する帳票の類などの流れを理解していなければ、その流れをどう効率化すればよいのか分からない。その点を多少でも理解している人ならば、答えの糸口は見つかるはず。決算月に営業部門や制作部門から出てきた諸費用清算書が経理に集中するようなら、それを作成した時点でサーバに保存するような仕組みを作ればよいだけだ。経理は毎週チェックすれば事は足りるのだ。必要なツールはオフィスソフトとファイルサーバだけ。あとはルールの徹底さえしてしまえば済む問題だ。

この視点がなければ、「ERPでも入れようか」と安易にツールに頼ってしまう。そこには知恵も工夫もない。時間とコストの視点が欠落しているIT担当者の場合、「自前でソフトウェアを開発しましょうか」なんて突拍子もない提案をするかもしれない。

社内の人間の動きも理解せず、なぜか特別扱いを受けやすいＩＴ担当者たち。うぬぼれと勘違いのもと、自己満足を優先させた提案をしていないか？　思いつきではなく、現場のニーズを汲み取っているか？　まずは、社内業務の流れを把握することから始めるべし。

教訓―其の二　ＩＴオタクは要らない！

ＩＴは所詮ツールに過ぎない

ＩＴは企業にさまざまな変革をもたらすのは事実だが、所詮「ツール」にすぎない。経営者は躍起になってＩＴ化を焦るが、電卓や携帯電話と同類のものだと認識すれば、過度に期待をかけること自体おかしな話だ。ＩＴ視点でしかモノを語れないＩＴ担当者が多いということはこれまで述べたとおり。携帯電話も人が使って初めて通話ができるのと同じ理論で、ＩＴも人ありきで考えなければならない。技術論が重要なのではなく、ツールを使うことによるメリットを人が享受できなければまったく意味をなさない代物なのだ。

パソコンにソフトウェアがインストールされていなければただの邪魔な箱と化す。ＩＴもこれと同じで情報共有やそれを活用する「人」が伴わなければ、企業にとって無用の長物となってしまうのだ。逆に言うと、人が伴うようになればＩＴによる効果は多大な影響をもたらす。経費節減、競争優位性、数えだしたらキリがないほどだ。

ＩＴ担当者にありがちなのが、ただ闇雲にツールを欲しがるという姿勢。新しいテクノロジーが出れば試したい衝動にかられる。ＩＴ視点のレンズしか持たない者は、それ以上視野を広げることはできない。

大切なのは『人が使う』という視点。コスト削減や利益拡大といった基軸で物事を見ることができなければ、ＩＴはツールではなく、おもちゃに近い代物になってしまう。ＩＴ担当者は「システムの前に人ありき」の視点を持って業務に臨まなければならない。

必要なのは組織プレーで動けるＩＴ担当者

ＩＴ担当者の第一の仕事はどんなツールをどうやって使えば会社にとってメリットが生まれるのか考えることである。それには各業務のプロフェッショナルたちの意見を集める能力が必要になってくる。例えば、報告書のフォーマットが入力しづらいといったクレームでも構わない。どうして使いづらいのか？　どうして欲しいのかヒアリングする必要がある。

このような意見や知恵を集めるためには、自らが率先して働きかけていかなくてはならない。つまり、自発的名コミュニケーションが必要なのだ。

例えば、大手ベンダーのエンジニアなどはプログラミングよりも顧客のヒアリングに長く時間を割くということは当たり前の話だ。ユーザーのニーズに合わないシステムを作っても仕方ない。ヒアリングの中に思いがけないヒントが隠されているかもしれない。もちろん、中小企業のＩＴ担当者も本質は同様だ。

また、第2章でも述べたように『文書化』もひとつのコミュニケーション方法だと認識しておこう。日々作成する作業報告書を見た社員が、重要なヒントを耳打ちしてくれるかもしれない。自分の作業内容を正確かつ分かりやすく周囲に伝えていくことによって、仕事自体もうまく機能し始める。

「自分は人と接するのが嫌いだから」と穴蔵に潜り込むＩＴ担当者も多い。しかし、システムもソフトウェアも貴方だけが使用するものではない。会社で利用していくものだ。そこには、コミュニケーションという大きな要素が必要となるし、何よりも組織プレーで動く意識がなければ務まらない。特に、知恵と工夫で勝負していく中小企業のＩＴ化ならばなおさらだ。

ＩＴの知識は外部ブレーンが持っていればよい

中小企業にとってＩＴ担当者は『人とテクノロジーの接着剤のような役割』を果たすのが理想的だ。ワールドワイドなビジネスを展開しているような大企業ではないのだから、中途半端なＩＴ論や技術をふりかざしたところで、やれることなど最初からたかが知れている。それならば、いっそのことコミュニケーション第一に考え、多少ＩＴ知識を活かして相談役としてだけ存在させるのもありだ。もちろん、テクニカルな知識は必要になるが、これから勉強しろとはいわない。ＩＴの知識が必要になるなら、それは外部にブレーンを持てばよいだけの話だ。

信頼できるＩＴコンサルタントに自社の診断やアドバイスをしてもらい、その結果を受けてＩＴ担当者が社内との調整を行うようなスタイルだってある。必要なＩＴの知識も、コンサルタントが話す内容が分かる程度でこと足りる。社内とコンサルタントとの架け橋になるのだ。

コミュニケーション能力があるだけでも、ＩＴ化は進ませることができる。貴方の会社のＩＴ担当者にその力があるか、もう一度チェックしてほしい。

教訓──其の三　ＩＴ担当者はネゴシエーターだ！

部門別の利害を正確に把握せよ

会社の業務とＩＴと結びつけるにはハリウッド映画に出てくる『ネゴシエーター』のような敏腕さが必要になる。社内のビジネス現場で発生する問題の原因を探り、それをどうやって解決するのか？　パソコンの前に座って画面を眺めているだけでは解決の道は切り開けないのだ。

業務の流れを把握することは先にも述べたとおり。どうせならもう一歩進み、それぞれの利害関係まで掌握しておくと自然に経営視点が生まれる。例えば、営業がもってきた案件の日程が厳しければ、制作にどのようなしわよせがくるのか？　発注のタイミングが悪ければ、どんなデメリットが発生するのか？　考え出したらキリがないほどだが、こうした利害関係こそＩＴを考えるうえで重要な視点になる。そこにどうメスをいれていくか？それを考えるのがＩＴ担当者の役目なのだ。

現場の言いなりになってはダメ

社内のネゴシエーションを積極的に実行するのはよいが、逆に困った結果になってしまうＩＴ担当者もいる。それは気が弱く、人のいいなりになりやすい人物だ。よくありがちなのは、聞いた話にすべてに対して「イエス」と答えるタイプ。人当たりがよいと受け取ることもできるが、ことビジネスの現場にいたってはその限りではない。そればかりでなく、重大な事故を招きかねない。

「営業部の発注が遅いからこうなる」と言われれば「はい、改善しましょう」とにこやかに答える。「制作部が納期に余裕をもたないからこうなった」と苦言が出てくれば「はい、改善しましょう」と言ってしまう。「○○までにやっておいてくれ！」と言われれば、ノーとはいえない。とりあえず、その場しのぎで作業をすれば、他部門から「なぜ、そうした！」とクレームが飛んできてまたやり直し……。

これでは、改善どころが、すべての不満がＩＴ担当者に向けられ、会社のＩＴ意識も薄れていくばかりだ。

必要なのは、会社全体の視点で物事を考えること。なんでも言いなりになるようなIT担当者は、その場しのぎの仕事しかしていないことになる。

社内の反対意見をどうさばくか？　そこが腕の見せどころ

ITを導入しようとすれば、必ずどこかの部署から反対や意見の食い違いなどが出てくるものだ。「今までのやり方を変えたくない」「新しい入力方法を覚える暇がない」。確かにその通り。ITを導入して自分たちの報酬がアップするわけでもないのに、仕事がひとつ増えるような感覚に陥ってしまうからだ。

ITリテラシーが低いと言ってしまえばそれまでだが、それでも経営に不可欠と判断したのであれば、社員に使いこなしてもらわないとならない。それにはトップダウン（詳しくは後述）による波及効果とIT担当者のネゴシエーション能力が試されるのだ。

やり方を変えたくないとぼやくベテランには「使わなくても結構ですよ。入力はわたしがやりますから、データだけください。このデータをコンピュータに入れればかなり効率化ができますよ」くらいの言葉を投げ掛ける余裕が欲しい。暇がなくて仏頂面をしている若手社員には「簡単なマニュアルを作りましたから、これを見るだけで簡単に覚えられます。毎月やっている報告書の作成もすぐにできるようになりますよ」と自ら動くキッカケを作ってあげるくらいの余裕が欲しい。毎日東奔西走するＩＴ担当者を見て、ベテラン社員も自ら動き出すかもしれない。若手社員は提案を理解し、良き協力者になってくれるかもしれない。人の心の機微を敏感に察知できる能力は、ＩＴ担当者に限らず、ビジネスパーソンとして養っておきたい資質のひとつなのだ。

ＩＴ担当者はＩＴ化の本質を見失ってはいけない。多くの人の意見を聞き入れようとするあまり、どっちつかずの、いわゆる八方美人的な対応をしてしまうのはまずい。「営業部の要求と経理部の要求をどちらも受け入れたため、全体としては非効率なシステムになってしまった」では、何のためのＩＴ化か分からなくなってしまう。前述したように、会社全体からＩＴ化を捉える視点が大切だ。個別最適を積み上げるのではなく、全体最適の視点を常に持ち、業務に臨まなくてはならない。

ビジネスとＩＴの狭間にあるＩＴ担当者は、こうした柔軟なネゴシエーション能力を磨いておきたい。ＩＴによって生み出される効果や、ＩＴ経営によるビジョンを交えながら反対意見にも耳を貸し、手を差し伸べ、ときには毅然として突っぱねる。この姿勢が、特に中小企業のＩＴ化を動かす原動力となるのだ。

教訓―其の四　「ＩＴ化＝社長の考えを理解すること」と知る

貴方の会社の社長は何を実現したいのか？

「貴方の会社のビジョンを知っていますか？」

こう中小企業のＩＴ担当者に質問したとする。社内訓示に書いてあることは言えても、社長の考えを理解していることは少ないはずだ。

ＩＴは経営と組み合わせてこそ威力を発揮する。しかし、経営の本質というものは、社長の考えを知らなければ理解することなど不可能なのだ。中小企業の場合は特にその傾向が強く、大企業と違って各セクションが事業部制でそれぞれの意志に基づき活動しているわけではない。トップの考えに基づいた経営戦略を各部署が実行していく。大企業だってかつてはそのように事業を成長させてきたのだ。

ＩＴはその経営戦略を助ける道具のひとつだ。社長の考えを理解し、それを助けるためには社長とＩＴ担当者とのコミュニケーションも必要になってくる。理解できるまで何度でも話し合うとよい。

すべてを知るまでには何年もかかるかも知れない。ならば、ひとつずつ理解していけばよい。例えば　どのような会社にも優先事項というものが存在する。自社のビジネスを理解知るためには、最優先事項は把握していなくてはならない。これは経営者の方なら誰でもお分かりになるはずだ。

ビジネス全体の流れと優先事項、これがはっきりしてくれれば、おのずとやらなければならないことがはっきりしてくる。どこにボトルネックがあり、どう改善すればよいのかが見えてくるのだ。もちろん、そこにＩＴが入らないケースだってある。しかし、それは結果としてＩＴ担当者からの報告で経営にとっても役立つ情報となりうるだろう。また、同様に会社の判断基準や経営理念、将来のビジョンなどにも理解が深ければ、単なるＩＴ担当者という枠組みを越えた戦力になってくれるはずだ。

内部統制とは社長が経営をしやすい仕組みを作ること

ＩＴは会社の業務を効率化し経営を助けるためのもの。ビジネスを上手く循環させ、集められた情報を共有する。さらにいうとそのような情報のすべては高い信頼性を持つものでなければならない。ビジネスに役立つＩＴとは、経営者が判断を迫られたとき、正確な情報を正しく取り出せるシステムを構築することに他ならないのだ。

このことを突き詰めて言えば、新会社法、日本版ＳＯＸ法など、内部統制のために行うＩＴ化も企業のトップである社長が経営しやすいように業務を改善したものといえる。実際にこの法案があるから（施行が控えているから）仕方なしにＩＴ化を推進しなければならないという企業も多かったはずだ。しかし、すでに導入を完了させ運用に至っている会社なら分かると思うが、これは社長の経営スタイルを投影していると受け取ることもできるのだ。

例えば、すべての文書をデジタル化したり、業務の流れを電子化して、履歴を参照できるようにするなど、経営者から見ても有効なＩＴとなりうる一面も持っている。財務管理の有効性を保ち効率化を図る、財務報告の信頼性を上げる、事業活動に関わる法令を遵守する、資産を安全かつ正確に運用する。こうした内部統制の目的は、仕方がないから行うという類ではなく、会社の経営者が自社の運用に役立つために行うためにするものなのだ。

社長の頭の中のイメージを具現化し、社内に伝える

ＩＴ担当者に求められるのは、社長のよき理解者、ビジョンを映し出すための投影者という側面がある。それを受け止め、どのようなＩＴが必要かを模索する。経営に必要なＩＴとは何か？　その結果、どのような効果が見込めるのか？　経営にどのようなインパクトを与えるものなのか？　社長の頭の中にあるイメージを具現化し、ＩＴ化の目標として社内に伝えていく役割がＩＴ担当者なのだ。

「ＩＴ担当者の提案は疑え」と本書は指摘した。導入理由も分からず、その結果が見えないような提案は当然却下すべきだという理由が理解いただけただろう。「ＩＴをどのように使うのか？」ということ以上に、まずはＩＴ化の目標が社長の考えやビジョンに合致しているか否かの方がより重要なのだ。

本当に優秀なＩＴ担当者は、社長の考えや悩みを先読みして動けるのだ。

社長が何を考えているかつかめ!

社長

IT担当者

社長		IT担当者
我が社は不正会計を絶対に防止するぞ!	▶	なるほど。不正会計を未然に防ぐ内部統制が必要か。まずは会計システムをチェックして対策を講じよう。
過剰生産はまずい。在庫を調整しなくては。	▶	確かに最近、不良在庫が多くなったな。生産計画システムをちゃんと利用しているのか?製造部門にヒアリングしてみよう。
伝票処理をもっとスムーズにできないものか?	▶	そういえば、経理担当者が随分遅くまで仕事していたな。システム上で処理できる仕組みを考えてみよう!
営業情報をタイムリーに知りたい!	▶	営業日報を電子化しても形骸化するだけかもしれない。まずは、紙の日報をきちんと提出できるスキームを考えてみよう。そうだ!　社長が日報に返信すれば営業担当者もやる気がでるかも。

社長は常に悩んでいる。
その解決の糸口を提示すべし!

教訓―其の五　ＩＴ担当者は『情報』の鑑定人だ！

情報感度を高め、きっかけ情報を逃さない

企業の経営資源といえば「人」「物」「金」「情報」と言われている。中でもとりわけ「情報」はこれから重要性が高くなることは言うまでもないことだ。もちろん、ＩＴ担当者だって情報の重要性を認識しておかなくては、これからの時代は通用しなくなる。

一般的にビジネスの場における『情報』とは、『ＳＥＥＤ（種）』と位置づけることができるだろう。考えてみて欲しい。新商品を開発する場合は、消費者の嗜好や競合他社の製品戦略といった『情報』が必要になる。オフィスを移転する際も、エリア内の物件賃料やエリア外の動向といった『情報』が不可欠だ。ビジネスに場において何らかの行動を起こそうとすれば、必ず最低限の情報が必要になってくるのだ。それが、大規模な新規事業展

開などになれば、膨大な情報が求められる。つまり、情報はビジネスの原動力とも言い換えることができる。

このような、行動のきっかけとなる情報（以下、きっかけ情報）はさまざまなシーンでキャッチアップすることができる。たとえ、些細な情報であったとしても、企業経営に必要と感じれば、その情報を経営者もしくは経営幹部へフィードバックする。この時に求められるのが、企業経営に重要な情報かを見極める眼力。つまり、情報に対する高い感度が求められるのだ。

このような「情報感度」はIT担当者にも必要だ。いや、情報感度が低いIT担当者のもとでは、肝心の情報がうまく流通しない。なぜならば、先ほども触れたように、何か行動を起こそうとすれば、必ず一定以上の情報が必要になるからだ。もし、情報の絶対量が少ない場合、どうなるか？　つまり、ロクな調査や分析もできず、ギャンブル的にシステム構築などに乗り出すことになる。情報感度の鈍いIT担当者が推進するIT化ほど怖いものはない。

自社のIT経営戦略に重要な情報を見極め、社内IT化の〝餌料〟とする。情報はあちこちからキャッチアップできるはずだ。社員の声、クレーム情報、社外ならば、競合他社の動向などなど。それら情報から会社の利益を最大化させるIT計画を描くのが、IT担

きっかけ情報を見逃さない情報感度

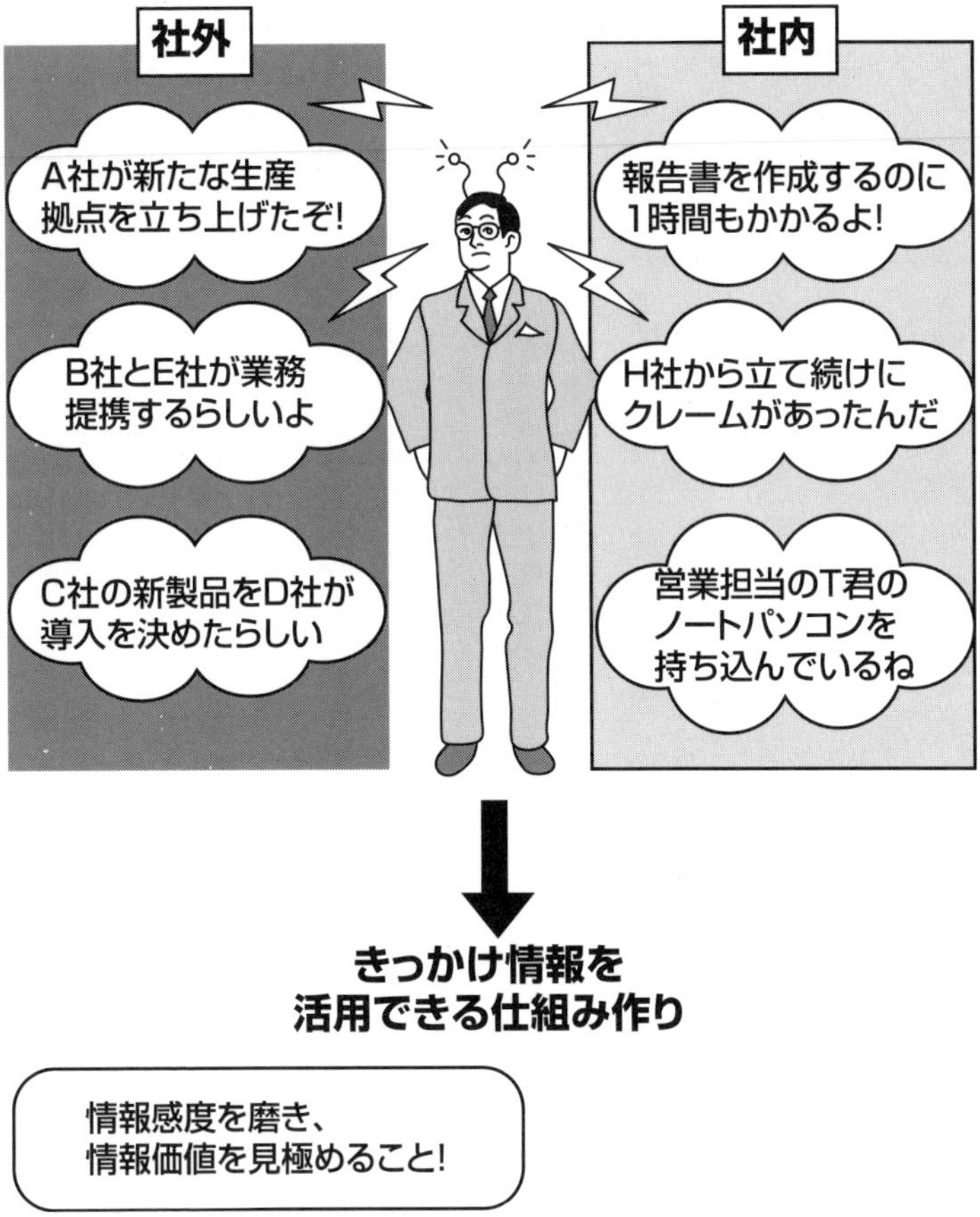
社外
A社が新たな生産拠点を立ち上げたぞ!
B社とE社が業務提携するらしいよ
C社の新製品をD社が導入を決めたらしい
社内
報告書を作成するのに1時間もかかるよ!
H社から立て続けにクレームがあったんだ
営業担当のT君のノートパソコンを持ち込んでいるね
きっかけ情報を
活用できる仕組み作り
情報感度を磨き、
情報価値を見極めること!

当者の役割なのだ。

価値ある情報は人と人との接点にあり

では、そのようなきっかけ情報はどこで生まれるのか？　もちろん、パソコンやインターネットの世界からは出てこない。たとえ、見つかったとしても、それは価値を持たない情報であるケースが多い。多くの場合、価値ある情報はデジタルなツールではなく、アナログ的な人との会話の中から出てくるものなのだ。デキる営業担当者ならば得意先と接待で飲む機会があれば、莫大な量の情報を仕入れてくる。「うちの社長は最近新しい事業をやるって張り切っていてさぁ（新事業の提案ができるかも）」「なんだか、うちの会社って最近景気悪いんだよね（売掛金の回収を急いだ方が良いかも）」など、ぽつりと出てくる情報が何かのきっかけになることが多いのだ。

ＩＴ担当者にしても、貴重な情報は人との接点から生まれてくる。パソコンの前に座っているだけが仕事ではない。ときには給湯室にでも顔を出してみるとよい。意外な価値ある情報に出会うかもしれない。

もちろん、社内だけでなく、社外にも情報感度のアンテナを広げることも必要だ。社外との接点が希薄であれば、営業担当者と親しくして、定期的に情報交換する。こうした臨機応変な行動も非常に大切なのだ。

与えられた業務だけをパソコンに座っているだけなら、誰でもできる。ＩＴ担当者はあらゆる情報を吟味する「情報鑑定人」くらいの気概がなければ務まらないのだ。

情報を吟味し、最適な人に流通させる仕組み作り

仮に情報感度の高いＩＴ担当者がいたとしよう。もし、その情報を入手したらどうするか？　経営者である貴方もしくは適任と思える部署にその情報を流すだろう。そして、フィードバックされた情報から、さらなる分析や見解を見つけ出すことができる。詳しくは第4章でも述べるが、情報感度の高い人は「自分だけで知っている」という状況で終わらせない。必ず、情報を吟味し、最適な人たちへその情報を流す。そして、フィードバックと分析を繰り返し（情報のスパイラルアップ）、企業戦略に価値ある情報へと育てていくわけだ。このような仕組みをＩＴ化で効率化することこそ、ＩＴ担当者に与えられたミッションともいえる。

もちろん、そのためには、ＩＴ担当者が社内の業務に精通しておかなくてはならない。

誰がどのような情報を必要とするかを理解しておけば、話が早い。ひとつの方法として、各部署のキーマンをピックアップしたマップでも作っておけばよい。キャッチした情報を、どこに流せばよいか悩む必要もない。必要と思われるキーマンに情報を伝達し、後から伝えるキーマンの数を増やしてもよい。この程度ならば、電子メールで簡単に実行できる。

これこそ、社内の情報共有化・活用化の基礎となるのだ。

教訓―其の六　コスト感覚なきものは去れ！

コスト感覚に欠如したIT担当者

「IT化するんだからコストがかかるのは仕方のないこと」

こう考える経営者は意外と多い。しかし、実際のところ、コストに見合ったITを導入しているケースは非常に少ないのが現実だ。企業規模から考えて、およそ不釣合いなシステムを導入したがることも多いし、金銭感覚が乏しいのではないのかと思えるほどIT化に大切な資金を湯水のように投入し続けている会社もある。部署の備品や、設備を導入するときにはいつも「必要最低限」という考えを持ちながら稟議しているが、ことITとなるとこの感覚が麻痺してしまうから不思議だ。

特にIT担当者そのものがコスト感覚ゼロだとタチが悪い。恐ろしく高額なソフトウェアを使ったソリューションを平気で提案してくる。ある会社では年商20億円に対して5000万円ものＩＴ投資をしているところもあった。平均的な経営感覚でいうとこれはかなり無茶な投資だ。

パソコン1台で10万円。10万円を使って各部署に箱を置くことがＩＴと思っているＩＴ担当者や経営者が多いのが現実なのだ。パソコンを導入することが目的になるのでは本末転倒で、本来はそのパソコンを使って何を学ぶのか、何ができるのかを考えなくてはならない。

ＩＴ担当者の重要な資質のひとつ『コストバランス』

ＩＴ担当者の仕事は、ＩＴを導入することによる情報の共有化と活用化を推進し、業務効率化と利益の最大化を実現することにある。そして、これに並ぶ大きな使命が「コスト」を下げて、良質なものを作りあげることだ。

ツールを使って業務を効率よく行えるようにするためのＩＴ化は、結果的にコストの削減へと結びつくものが多い。しかし、コストを見誤ると導入・運用をした結果、逆に費用がかさんでしまう事態を招く。

そもそも、そんなシステムの導入を平然と薦めてくるＩＴ担当者など解雇すればよいのだが、この逆のケースだって多い。「よそと同じものにしよう」「あそこの製品はよいらしいぞ」ともっともな理由をつけて、ＩＴもよく知らないくせに自分の中で勝手なコスト基準を設けている経営者も意外と多い。

本当に優秀なＩＴ担当者なら提示された金額の半分で済ませる方法はないものかと考えるはずだ。社長が明らかに過大なＩＴ投資を考え、例えば、予算は１０００万円などといってきたら「それは５００万円で可能ですよ」と自信を持って逆提示すればよい。

残念ながら多くのＩＴ担当者は、さらなる増額を求めてくるケースが多い。ＩＴ導入により費用が発生するのはある程度仕方がない。しかし、過大投資にならないようコストバランスを常に念頭に置いておくこともＩＴ担当者の重要な資質のひとつなのだ。

ＩＴ担当者そのものが『コスト』だと認識せよ！

市場には「コスト削減」を謳い文句にしているソリューションがやたらに多い。運用管理のランニングコストをちょっと下げます、という意味では合っていることが多いが、中小企業で本当に効果があるのかないのか分からないというケースがある。

これはなぜかというと、このようなソリューションの多くが、経営の中でも最も大きな比重を占める「人件費」の概念を抜きにして語られるからだ。

大手企業ならIT導入による効果として、大幅な人的コストカットを実現できるだろう。しかし、中小企業は売上に対する人件費率が高くなる。業務効率によって削減できた金額以上に、IT担当者の人件費が発生している場合も多い。

「ウチはIT担当者1人でシステムを運用していますのでコストがゼロなんです」

このように胸を張る経営者も多い。しかし、そのIT担当者に年間どれくらいの人件費が発生しているのか？　もしかしたら、運用をアウトソーシングした方が安上がりかもしれない。人が介在する仕事にコストがゼロということはありえないのだ。

このような観点で見れば、IT担当者の存在そのものがITコストの一部なのだ。こんなシビアなコスト感覚を身につけると、たとえ一円でも無駄にできないことを理解できるはずだ。

教訓―其の七　ノーと言えるＩＴ担当者になれ！

ＩＴ担当者は決まってお人好しが多い

ＩＴ担当者の中には社内に溢れるＩＴツールのクレームを一手に引き受け、なんでも処理してしまうタイプがいる。社内の人望が厚いので、ＩＴ担当者としては三流であっても会社にとっては貴重な人材となっているケースもあるだろう。もちろん、そのこと自体は否定しない。だが、あまりにもお人好しすぎてはＩＴ担当者本来の業務がまっとうできない。つまり、都合よく使われているだけに過ぎない。

例えば、いつまでたってもメールのやり取りすらロクにできない社員がいたとしよう。彼がＩＴ担当者を呼び出し、「何でパソコンはいうことを聞かないんだ！」と逆切れしたとする。そのとき、「はいはい、喜んで」と言ってお手伝いしているようでは、ＩＴリテラシーの浸透など図ることなどできない（だからといって、常に「できない！」と拒み続けるのも良くないが…）。ときには毅然たる態度で「自分でやってみましょう」と毅然とした態度で突き放すことも必要だ。

社員に対してだけではない。無茶な命令を下す経営者にさえも「ノー」といえるようになろう。ＩＴにまったく無頓着な社長が「○○くん、ネットワークの敷設を明後日までにやっておいてくれ」などと、物理的に不可能な注文をしてきた際には、不可能な理由を的確に述べ、必要な作業時間を逆に伝えることも必要だ。これを繰り返すことで、社長もむりな要求をしなくなるし、ＩＴの知識を深めてもらうことも可能だ。

お人好しも結構だが、いつの間にかＩＴ担当者が社内のトラブルを解決するためだけに存在している、ということにもなりかねないのだ。

何も決められないIT担当者の弱さ

お人好しという性格が与える会社へのデメリットはまだある。それはどの方向へも良い顔をしたいがために、結局何も決められないという問題だ。

ある部署がサーバ内の文書検索機能を強化して欲しいと言ってきたとする。どんな情報が欲しいのか部署にいる全員にアンケートをとった結果、まったく方向性が違う意見が出てきてしまった。こうなると、お人好しのＩＴ担当者はどれに合わせればよいのか分からなくなってしまうのだ。

優秀なＩＴ担当者ならば、その部署のトップに意見を聞いて最終的な方向性を示すことができるだろう。ほかの社員には「これで決定したので合わせてください」ぐらいは言えるはずだ。だが、お人好しのＩＴ担当者は全員の顔色をうかがいすぎて方向性をひとつに絞ることが難しくなってしまうのだ。

結局何も決められないＩＴ担当者を、当の部署から見た場合「意見をすべて出したはずなのに、システムは一向に改善しない。あのＩＴ担当者はダメだ」という評価になるのは時間の問題なのだ。

対ベンダー交渉ではさらに毅然とした態度で

ＩＴ担当者がお人好しな場合、一番困るのはベンダーの言いなりになってしまうことだ。ベンダーがＩＴ担当者のもとへ訪れ「面白いツールが出ましたよ。これでずいぶん便利になるはずです」と言われて「ハイ」とニコニコ顔で答えるようではダメなのだ。

ベンダーはツールに関してはプロ。理論や製品に対する知識は豊富だ。セールスでやってくる営業なら話術も達者で売る気に満ち溢れているはず。そんな巨大な敵なら、お人好しのＩＴ担当者を丸め込むことなど造作もないことだろう。当然、ＩＴ担当者のスキルや知識が乏しければなおさらだ。

優秀なＩＴ担当者ならこんな場合でも、毅然とした態度をとることができるだろうし、こちら側の要望があれば的確にリクエストできるはず。最悪なＩＴ担当者になると、ベンダーと馴れ合いになり、ベンダーの営業担当と化して経営者に詰め寄るケースだってある。人に好かれることは悪いことではない。しかし、単なるお人好しは会社を滅ぼすことになる。このことを肝に銘じて欲しい。

◆◆◆

さて、ここまでＩＴ担当者に必要とされるスキルや姿勢、社内体制などを説明してきた。「ＩＴ担当者ってこんなに大変なのか…」と実感した読者も多いだろう。そこで、ＩＴ担当者に必要なスキルをイラスト化してみたので参考にして欲しい。こちらは経営者や経営幹部がＩＴ担当者を教育する際の基準にもしてもらいたい。

IT担当者に求められる7つのスキル

社内のあらゆる業務の流れを
理解する**業務精通力**

さまざまな社員と情報交換を図る
ことのできる**コミュニケーション力**

人の話に耳を傾け、ニーズを引き出し
解決方法を提示できる**交渉力**

経営者の考えていることを
具現化させる**実行力**

企業にとって重要な情報を
見極められる**情報価値判別力**

常に費用対効果を念頭に置き、
業務を行う
コストバランス力

毅然とした態度で自分の意見を
伝えることができる**意思伝達力**

コラム③

IT運用と見えないコスト

「ウチは自社でシステムを構築しているからコストは掛かっていないんですよ」

食品製造会社の社長はこう胸を張りながら自慢している。システムの運用はパソコンが得意な営業パーソンが兼任しているので、IT担当者は彼ということになる。彼は忙しい時間を縫って、あっちのデスク、こっちの部署と大忙しだ。しかし、話を聞くと、運用といっても初歩的なサポート業務ばかり。

社長の目には、運用コストなど掛かっていないと見えているのであろう。しかし、実際にはシステム運用によって営業パーソン兼IT担当者というコストが発生しているのだ。

「IT担当者にも人件費が掛かっています！」と声を大にして言いたい。

本心は分からないが、兼任IT担当者の彼は実際によく動いてくれている。だが、本業である営業の時間を割いてまでやる価値があるのか？　もしかしたら、その時間を使って営業に専念すれば、もっと大きな仕事（利益）を獲得できるかもしれない。そう考えると人件費どころか、大きな機会損失も招いているのではないだろうか。さらには彼の業務負担が今まで以上に増える可能性さえある。そうなれば、さすがの彼も疲弊しきってしまう。社員のモチベーション低下はコスト以上に深刻な悪影響を会社にもたらす。

この場合、社長が見逃しているのは人件費ばかりでなく、見えざるコストといえるだろう。ITの運用を社外に委託していたら、目に見えるコストが顕在化するが、彼の働きによって得られる利益も増大する可能性もあるのに……。

中小企業のIT運用にかかるコストは、このような目に見えない部分まで意識しておきたい。

第4章

IT経営に成功した企業はココが違う!

円滑なＩＴ運用体制は経営者とＩＴ担当者のコラボ

ＩＴではなく何を実現するのか？

中小企業で円滑なＩＴ運用体制を構築するには社内全体の意識改革が不可欠である。特にこれまで述べてきたような数々の失敗例に対して、ひとつでもうなずくような項目があった会社は要注意だ。

ＩＴを風土として会社に根付かせることができるのか？　これには経営者および経営層のＩＴに対する意識が大きく影響する。

「それをしたくないからＩＴ担当者を置いたのではないか」

こんな声も聞こえてくる。だが、ＩＴ担当者の独断で進めるＩＴ化の危険性はここまでご紹介してきたとおりだ。ＩＴ担当者が優秀でないことは分かりきっている。経営者のＩ

Tリテラシーもそれほど高いとはいえない。だが、数歩ずつ歩み寄れば、いまとは違う視点が生まれるはずなのだ。

ＩＴ担当者は経営を学び、経営者はＩＴを学ぶ。これを意識するだけで、ＩＴをどう使えば何を実現できるのかすぐに分かるはずだ。この関係がなければ会社のＩＴ化はうまく行かない可能性が高くなる。経営者とＩＴ担当者がタッグを組んだ体制こそが、社内のＩＴ運用を成功に導かせることができるのだ。

どのような情報が必要なのか社長自ら伝える

経営者はシステムの簡単な仕組みくらいは理解しておかなくてはならない。会社の組織を考えてみてほしい。すべての命令系統は最終的に経営者に繋がっている。経営者である貴方が「ＩＴ化を実践する」と声高に叫ばなければ、社員はついてこないのだ。

ＩＴはツールであり、使われなければただのお飾りに過ぎない。ＩＴ運用により何が変わり、どのような情報が必要になるのか？　要するに「目的の明確化」と「トップダウン」がベースになければ、中小企業のＩＴ化は遅々として進まないという現実がある。

ＩＴ担当者が「これを導入しましたから、使ってください」などと言ってきても、従わない社員は大勢いる。しかし、経営者である貴方の命令ならば、そんな社員も従うのではないか。そのためには、「今導入を考えているシステムによってどのような変革がおき、会社、社員にはどのようなメリットを享受できるのか？」を経営者自らの言葉で語っていかなくてはならない。

「うちのＩＴ担当者の×××くんがそう言っているからみんなやってね」ではダメなのだ。

最小のコストで最大の成果を得るための挑戦

「ＩＴ化は金がかかる」。こう考えている会社も多い。だが、今述べたように「目的を達成するためのＩＴ」という視点なら選択肢はいくらでも出てくる。もちろん、コストを掛けずに実行する方法だってあるだろう。これはどんな業種にもいえることだが、ＩＴは最小限のコストで最大限の成果を得られなければならない。ＩＴ担当者と経営者はこのポイントを考えながら最適なソリューションを選ぶ必要があるはずなのだ。

例えば電子メールひとつとっても、社内のＩＴ化を進めるうえでは非常に重要なツールとなりえる。しかし、ベテランや現場で働く社員たちにとって、ＩＴ化の入り口ともいえる電子メール利用が極端に難しいと思い込まれていることがよくある。マン・ツー・マン

で教えることは現実的に厳しいと思うが、10人にひとりの割合でアシスタントをつけてドキュメント作成や電子メールの操作などを肩代わりしてあげるということも考えられる。また、ツールに対する知識がそもそもゼロというなら、このやり方の方が一から覚えるより、ずっと生産性も上がり効率もよくなる。

経営者とＩＴ担当者がタッグを組むことで生まれるシナジー効果、それにアイデアと臨機応変な行動、これらによって得られるものは企業にとってとても大きな財産になるはずだ。

感度の良い情報アンテナがＩＴ化をスムーズに

情報を効率よく共有するためにＩＴを賢く使う

「情報感度」を磨くことがＩＴ担当者にとって重要であるということはすでに第3章でも述べている。次のステップではこの情報感度という概念を組織全体でどこまで高められるのかがポイントとなってくる。経営者とＩＴ担当者が創出するシナジー効果と、全社共通で持つべき情報感度という概念がＩＴ化を進めるうえで欠かせない要素となるのである。

情報を収集し共有するということは、ＩＴなしでも実行することができる。しかし、それには多大な労力が必要になることは誰が考えても分かることだろう。情報感度を高めることで分かる「きっかけ情報」は人によってさまざまな種類ものがあるだろう。営業担当者が外出先で入手してきた情報、コールセンターに寄せられるクレーム、製造工程で判明した部品の不具合、数えあげたらきりがないほどだが、これらはすべて会社にとって何らかの「きっかけ」となる貴重な情報なのだ。

これらすべての情報が電話や紙に書かれたメモで経営者に届けられるとしよう。貴方は全部さばききる自信があるだろうか？　ほかの業務で忙しい経営者にとって大変な作業になることは分かりきっていることだ。

ここでようやくＩＴの話に繋がる。情報をどのように発信するのか？　どんな種類の情報が届くのか？　経路を補完する役割はグループウェアであったり、部門ごとのファイルサーバであったりする。もちろん、ここまで述べてきたように電子メールだけでも質の高い情報共有化は可能だ。しかし、情報の質（機密度など）によってはシステム化して運用した方がよいかもしれない。こうして自社の経営に重要な情報を蓄積し、新たな付加価値を生み出していくわけだ。これが情報感度の高い会社が実践するＩＴ化なのだ。

社内の情報感度のレベルアップ

会社にはいろいろな人がいる。情報感度といってもさまざまな種類があるのと同様、人が感じるきっかけ情報にも違いがある。

社内の情報感度はどの程度なのか？　経営にインパクトを与える情報は誰が持ち、どのように伝えているものなのか？　特に経営者とＩＴ担当者はこのことを認識しておきたい。

当たり前だが、ひとつの情報を見ても、経営者と社員では考えることが異なる。だからこそ、社内のどのような部署の情報感度が高く、どのような部署は感度が低い？　これを知ることが重要なのだ。すべての社員がすべからく経営について理解がある、なんて妄想を抱いてはいけない。レベルに違いがあって当然なのだ。それがいやならすべての情報を経営者自身が入手し、それぞれどこに流すかを判断していくしかない。

組織全体の情報感度が高まれば、当然、ＩＴも賢く利用し、スピーディーに共有と活用を繰り返す。逆に、感度が低いままであれば、いつまでたってもゴミのような情報ばかりがシステムの中を駆け巡る。

中小企業こそ情報のスパイラルアップを可能にする仕組みを

情報感度が高くても、持っている情報が活かされなければどうにもならない。社内の組織における情報の伝達。これを組織内に持つことも中小企業にとっては大切なことだ。

活かされない情報は何の価値も持たない。そこで、持っている情報を活かしてくれる適任者であるキーマンだけは抑えておきたい。そして、情報の伝達にはＩＴを最大限に活用するのだ。

情報の伝達というのは、ＩＴという言葉が広まる前は電話やメモといった手段で行われていた。電話は口頭なので忘れてしまいがちになり、メモは紛失という恐れもある。そもそも、適任者に情報が伝わらない、伝え切れていないという状況が起こりがちだった。それでも、昔の人々は知恵と工夫で貴重な情報を共有してきたのだ。

しかし、ＩＴの力を借りれば、スピーディーに情報を相手に伝達できる。電子メールひとつでも履歴が残るし、送信した日時もはっきりと残る。情報の活用ということを考えれば、ＩＴはとても効率がよく便利だ。「きっかけ情報」が然るべき人に瞬時に伝わり、処理がすばやく行える。そして、その情報に他の情報を組み込み、フィードバックする。すると、情報に新たな価値が加わり、異なる視点や分析のヒントが生まれる。知恵と工夫で勝負する中小企業こそ、情報のスパイラルアップを最大限に活用するべきであり、その仕組みを作っておくべきなのだ。

このような仕組みを作るために必要なのは、高価なツールではない。社員個人の情報に対する感度や確実にメモを残しておく基礎力などだ。つまり、情報共有化の成否は、ＩＴ

以前に『人』の資質に委ねられているのだ。

とにかく情報システム室を立ち上げろ！

『社長＝ＩＴ担当者』でもＯＫなんです！

ＩＴが世の中に広まり始めた頃、「ＣＩＯ」という肩書きを持つ役職が突如現れた。「チーフ・インフォメーション・オフィサー」すなわちＩＴと経営を有機的に結合する役割を果たす職業だ。ＩＴ担当者としてこれ以上適任はいないというプロフェッショナル中のプロフェッショナルが名乗る肩書きで、大企業にはこうした人材を配置していることが多い。だが、これが中小企業となると話は別だ。ＩＴ経営戦略の一部として情報化戦略を立案するということの役職にこだわる必要など一切ないと断言しよう。

そもそも、ＣＩＯという呼び名も米国流の執行役員感覚が日本に伝わったものである。近年に至っては「ＣＥＯ（最高経営責任者）」「ＣＦＯ（最高財務責任者）」「ＣＯＯ（最高執行責任者）」などを配属させるケースも見受けられ、名刺を見ただけではいったい何がどんな役割だがすぐに判別できない状況である。

日本の中小企業の場合、経営戦略の立案という部分では社長にすべての権限がある場合がほとんどだ。ならば、経営者がＩＴの視点を正しく持てるなら、別にＣＩＯなどという役職は必要ない。社長＝ＣＩＯ（ＩＴ担当者）でも十分機能するということなのだ。

この呼び名の発祥となった米国ですら、かつては情報システム部門出身のＣＩＯばかりだったが、近年では実務部門出身のＣＩＯを就任させることが多く、成功例もかなり増えてきた。ＩＴのプロだけがＣＩＯを名乗る時代ではないのだ。ＣＩＯなどという肩書きだけをありがたがっているのは、日本ぐらいなのかもしれない。

たとえ1人だけでも「情報システム室」を設置せよ！

中小企業の場合、ＩＴ担当者は経営戦略に基づくＩＴ化を社長と共に実行する責任者だと思えばよい。社長が指摘した経営の改善点に適合するＩＴをどのように配置するのか、実務レベルで考えるプロフェッショナルという位置づけになる。

ＣＩＯなどいなくとも、ＩＴ化に成功している会社はたくさんある。要は社内のＩＴ化を誰が推進し、誰がその発案を行えばよいのか？　責任者は誰かということさえハッキリしていればよいのだ。

ＣＩＯという言葉に振り回されてはいけない。ＩＴ担当者にも同様の権限を与えればよい。つまり、「情報システム室」を設置し、その責任者として活動してもらうのだ。たとえ、ＩＴ担当者が1人しかいなくても専門部門を立ち上げてしまえばよい。それでも立派な部門責任者だ。

ＩＴの専門部門ができたという意識は、ＩＴ担当者にプロとしての自覚を与えるはずだ。当然、この情報システム室の最高責任者は社長である。経営戦略に基づいたＩＴ化の推進は社長とＩＴ担当者が情報システム室内で牽引していく。

大企業の真似事に映るかもしれないが、たとえ小さな組織であっても、甘えや妥協を許さないプロ意識をもとに仕事を進めるべきだ。

ＩＴ経営時代の軍師たれ！

ＩＴ経営時代において、ＩＴ担当者が果たす役割は極めて大きなものになる。経営者にしてみれば、ＩＴと経営戦略が密接になればなるほど、双方に精通した人材が欲しくなる。

いわばＩＴ経営時代の『軍師』が必要なのだ。

軍師といえば、武田信玄に山本勘助、徳川家康に本田正信など、企業でいえばホンダの本田宗一郎と藤沢武夫、ソニーの井深大と盛田昭夫の関係が有名だ。共通するのは、お互いが強固な信頼関係で結ばれている点だろう。

では、ＩＴ担当者も経営者の良き軍師として活躍できないものか。それには、第３章で指摘したように経営者の考えが理解できていないといけない。それが理解できていれば、トラブルやリクエストなどの情報から、あるべきＩＴ化の姿をイメージできるはずだ。そして、経営者のＩＴ化に対するビジョンを分かりやすく社内に伝える役割も果たす。そのためには、ＩＴ担当者を「技術サポート役」としてではなく、ＩＴ戦略の側近として位置づけることが必要なのだ。

こうすることで、ＩＴ担当者が所属する「情報システム室」が機能し、目的も明瞭化させることができる。当のＩＴ担当者が本来やるべき仕事ができる環境も整備される。今までのように『営業兼ＩＴ担当者』などという曖昧なポジションから脱却し、やらなければならない業務を明確化することは会社にとっても大きなメリットだ。前述したように、甘えや妥協を許さない環境を作ることが大切なのだ。

なぜ、ＡＳＰを活用しない？

強い会社はＡＳＰの利点を最大限に活用している

ＩＴを導入するときには費用が発生する。さらに、せっかく構築したシステムが思うように稼働してくれないことも多い。導入当初はベンダーや会社自身が気づかない細かい不具合が多く、手を入れつつ安定させるようテスト稼動を繰り返す。それならまだ良い方で、開発そのものが遅れてしまったり、導入したシステムの運用を実行する人材が不足している、などというケースだってある。システム自体が組織体系や事業活動に対応できなくなり、陳腐化してしまうということも考えられる。

中小企業の場合、こうしたトラブルが重大な問題を引き起こすことがある。どうにかして回避できないだろうか？　その答えのひとつが「ＡＳＰ」の活用にある。

「ＡＳＰ」すなわち「アプリケーション・サービス・プロバイダー」は、サービス会社がすでに持っているシステムを、インターネットなどを介して課金制で利用することができるサービスだ。グループウェアなどの情報共有ツールなどでよく利用され、最近では「ＳａａＳ（ソフトウェア・アズ・ア・サービス）」などとも呼ばれている。

中小企業の場合、このサービスを使うメリットは非常に大きい。これまでシステム構築に失敗、あるいは中止し、多額の予算を注ぎ込んだ経験のある企業ならばなおさらだ。まず、ＡＳＰは開発という概念が大きなメリットになる。すでにサービス提供会社がシステムを活用できる状態で提供してくれるので、やることといえば操作方法を覚えるぐらいで済む。「欲しい機能を持ったシステムが簡単に使える」。ＩＴを考えるうえで、これ以上シンプルで明瞭な答えはないだろう。

自社に必要なシステムの試行ができる

システムの導入に失敗したとしても、資金は戻ってこない。多くの場合、ＩＴの導入に失敗すると会社にダメージが残るばかりでなく、「やはり、うちの会社では無理なんだ」と社員のモチベーションも下がってしまう。ＡＳＰはこんな状況を回避するために、まず

試乗できるのがASPのメリットだ

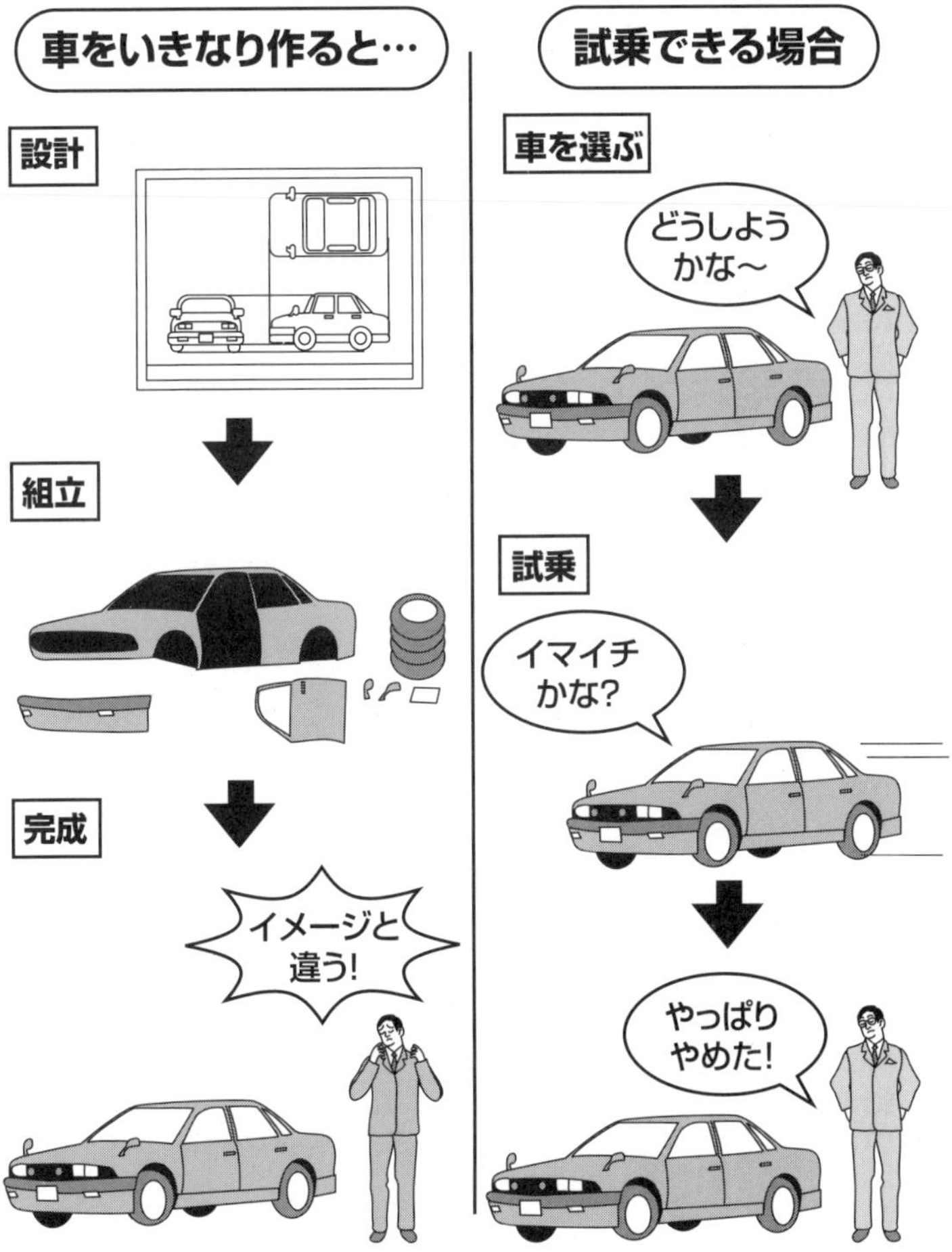
車をいきなり作ると…
設計
組立
完成
イメージと
違う!
試乗できる場合
車を選ぶ
どうしよう
かな〜
試乗
イマイチ
かな?
やっぱり
やめた!

システムを「お試し」感覚で利用することができる。

ＡＳＰの多くはユーザ数や月額という課金システムをとっている。システムの保守もセキュリティや守秘義務もサービス提供会社がしっかり管理してくれる。これら基本的なサービスのほかにも、特殊な機能が欲しければオプションで搭載してくれる場合もある。中小企業にとって一番面倒で敷居が高い「開発」「運用」「保守」という工程をすべてサービス提供会社に任せられるのだ。パソコンとウェブブラウザ、それにインターネット回線さえあれば、すぐにでも利用を始められるほど手軽なのだ。

ベンダーの言いなりになって、長期間振り回されたあげくプロジェクトが頓挫した——なんてことになる前に、ＡＳＰであらかじめ試しておくという使い方もできる。

ＡＳＰは、まさに「目に見えて」「分かりやすく」「体感」できるＩＴ活用の３重奏を備えたサービスといえよう。

定型業務は標準化という視点で

ＡＳＰを使う際にひとつだけ注意して欲しい点がある。それは定型業務の標準化についてだ。

中小企業の場合、自社の業務、例えば伝票発行ひとつにしても自社独自のフォーマットとプロセスを利用しているケースが多い。外部の者から見れば、「なぜ、そんな面倒なことを」と首を傾げたくなるのだが、社内で十何年も慣れ親しんでいれば、そのフォーマットとプロセスが『スタンダード』になってしまうから不思議だ。当然、違うフォーマットとプロセスを提案すれば、慣れ親しんだ社員たちから猛反対を受ける。そこで、「なるほど、御社の特有フォーマットに合わせるとなると、システムもオーダーメードで作らないといけませんね」とベンダーたちが擦り寄ってくることになるのだ。

よく考えて欲しいのは、そのフォーマットとプロセスでならない理由だ。すでに述べたように、これは単なる『慣れ』の問題だろう。実際に「これがそのフォーマットです」と見せてもらうと、ごく普通の書式に落とし込めるケースが多い。

ＡＳＰの場合、カスタマイズできるといっても限界はある。「特殊」と思い込んでいた業務をごくごく普通の「標準」的なフォーマットに再構築することが必要になる。このような定型業務を標準化することはビジネスの流れを分かりやすく可視化させる側面を持つ。これが実践できていれば、自社でシステムを構築しようと思った場合も、時間と費用のかかるオーダーメードにこだわる必要がなく、標準的なパッケージ製品で補えるようになる。

それでも「うちの会社は特別だ」と思われているならそれも結構だろう。しかし、将来アウトソーシングや子会社を設置してその業務を引き継ぐときなどに多大な苦労が待っている。標準化されていないということは『その人たちしかできない業務』だからだ。

運用ルールなきシステムは荒廃する

PDCAサイクルに基づいたシステム運用

社内にシステムを導入する際に必要となるのは運用ルールだ。この運用ルールがなければシステムは必ず荒廃するといってもよいだろう。

運用ルール、いわゆるマネジメントサイクルは「計画（Plan）」「実行（Do）」「評価（Check）」「改善（Act）」を順に実施することに終着する。これはすでに「PDCAサイクル」と言われており、ISO 9000、ISO 14000などのマネジメントシステムに取り入れられている概念でもある。

簡単に言えば、「計画」性がなければ崩れたシステムになり、「実行」するスキルがなければそもそも使われることもない。「評価」ができなければ適切な「改善」も行われない。

ＩＴ運用については、こうした理屈は分かっていてもなかなか実行できないでいる中小企業は多い。それができないから、誰にも使われない『廃墟のシステム』が生まれてしまうのだ。これまで述べてきた目的なきＩＴ導入の行き着く先だ。

計画性を持つことは目的を明確にして、それを実現するためどうすればよいのかを考えることであり、その計画を実行するスキルを身につける必要がある。そして実行した結果の評価をし、当初の目的と比較分析する。最後に導入したシステムを維持・向上させるためにはどうすればよいのかの検討を重ね、実行に移す。

言葉にすると簡単だが、継続的に実践するのは自律性が求められる。そして、これを実行できないときのダメージはかなり深刻だ。運用ルールを決められなければ、ＩＴはただの飾りになってしまう。

割れ窓理論を肝に銘じて運用に臨め

システムに運用ルールを定めたとしても、それが組織内で徹底できなければ何の意味もない。セキュリティを例にすれば、せっかくＩＣカードで入退出管理をしているのに傘立てが邪魔をし、ドアは半開きの状態。顧客情報が入ったキャビネットのカギは責任者が管理しているはずなのに開錠されたまま。こんな例は枚挙に暇はない。

会社が定めたルールが守られていない。「○○さんが守らないから、自分も大丈夫だろう」。こんな社員の本音が聞こえてくる。

米国の心理学者であるジョージ・ケリング博士が提唱した「割れ窓理論」をご存知だろうか？　１枚の割れた窓を見たほかの人が「１枚窓ガラスが割れているから、自分が割っても平気だろう」と連鎖が起こる。すると、最後はすべての窓ガラスが割られ、秩序は崩壊する。

運用ルールが守られない。これは些細なことから始まっていると思うべきだ。つまり、一事が万事。「カギをかけたら管理者に返す、ドアは開けたら閉める」。こんな当たり前のことをしっかり実行している企業は、やはりシステムもうまく運用している。

「私は使わない」という社員をどうするか？

「私はＩＴを使いたくない」

こんなことを平気で言ってくる社員がいる。多くはベテランであり、仕事のスタイルを変えたくないという理由である。これは当然だろう。幾多の困難を自分の腕ひとつで乗り切り、会社を支え続けてきたのである。言い分は聞いてやるべきだ。だが、そんな彼を見習う不届き者も出てきてしまうのが実情だ。

その場合、ベテラン社員に働きかけ説得を試みるしかない。気長に実施してくれるよう促すのだ。そして多くの場合、優秀な人材であるほど話を分かってくれる。あとは割れ窓理論の逆だ。「○○さんもやっているんだから」とほかの社員たちも習ってくれるだろう。部署のキーマン、あるいは役職の人から実践する。これが大事なのだ。人というものは目上の人の行動をよく見ている。トップが率先して利用している姿を見せることが重要なポイントになるのだ。

無理に強要したり、無意味な訓示を回覧しても無駄だ。社員に分かってもらうには、トップが実践してみせたうえで説得を繰り返す。ルールを根付かせるには、この繰り返しが必要だ。意識付けや習慣化には長い年月がかかる。運用ルールが風土として定着するよう根気よく粘るのが最善の方法だ。

受身ではなく攻めのヘルプデスク

ヘルプデスクで通常業務が占められてしまうのは愚の骨頂！

中小企業ではシステムの運用をはじめると、すぐさまトラブルがＩＴ担当者に集まってくる。そもそもＩＴに詳しい社員が少ないことが原因なのだが、パソコンの調子がおかしい、ネットワークがつながらないなどの苦情や問い合わせがＩＴ担当者一人に集中してしまう。それはどんなに大変な作業になるかは容易に想像できる。メールが受け取れるようになったらすぐに別の部署のパソコンのメンテナンスに向かう。こんな状況では経営とＩＴを結びつけるという本来の業務に支障が出るのは必至だ。

「それがＩＴ担当者の仕事だろう」

そんな勘違いをしている経営者がいかに多いことか。

通常業務の大半がヘルプデスクになってしまうのには理由がある。社内のサポート体制が未熟だからだ。ＩＴを任せられる人が少なければ、質問が多い内容をＦＡＱ化（頻繁に寄せられる質問に対し、Ｑ＆Ａ集を作ること）して社内に向けて公開しておくこともひとつの方法だ。もちろん、ネットワークの不具合にも対応できるように、紙資料やグループウェア、ブログ、メールなどでＦＡＱを公開しておく。ただし、単に『質問』と『答え』をまとめただけでは意味がない。結果として、膨大な質問数となり、自分の目的にあった答えを探すことが難しくなってしまうからだ。すると、結局、ＩＴ担当者へ問い合わせが集中し、状況は今までと何ら変わりないというオチ。ＦＡＱ化のポイントはいかに検索しやすくしておくか、という点にある。部門、シチュエーション、アプリケーションなど、さまざまな切り口からカテゴライズを考えていく必要がある。

これが実現できれば、ＩＴ担当者本来の業務が戻ってくる。社内セルフサポート体制を整備しておくことも実は大切な視点なのだ。

「攻め」の姿勢で、ＩＴ担当者に依存しない組織へ

社内の各部署に簡単なＦＡＱを公開するだけではきめ細かいサポートは難しいだろう。

全社的なＦＡＱ、そして各部署に特化したＦＡＱの作成、そして利用部署にフィードバックすべきＩＴ活用法を提示しておくことも大切だ。

システムを導入し利用をはじめた時点からしばらくたつと、各部署でどのようなトラブルが多いのか、活用していくうえで効率は上がっているのか、といった傾向が掴めるはずだ。ＩＴ担当者はそれらを分析し、操作方法についてのアドバイスや、活用法のダイジェストを作成し配布しておけばよいのだ。ＩＴ担当者もトラブルが発生してから駆けつける「受身」スタイルから、トラブルになる前に事前に布石を打っておく「攻め」のスタイルにならないといけない。

こうした資料を作ること自体は大変な作業だが、次第にＩＴに対するリテラシーが各部署に備わるようになるとＩＴ担当者だけに依存するような組織から脱却できるはずだ。

ＩＴ教育を実施し、リテラシーを向上させる

なんでもかんでも『ＩＴはＩＴ担当者に一任』という社内のスタイルを変えていかなくてはならない。簡単なトラブルは自分で解決できるぐらいの最低限のスキルはすべての社員が持つような組織が好ましい。だが、実際には個人差によって、それができない人がい

ることも確かだ。「操作」という部分だけでも、それぞれがマスターできるよう、きちんとした教育を施すことも必要になるだろう。月に一回社内でパソコン教室を開くのもよい。

前出のＦＡＱの作成や各部署用のフォーマット作成なども、ある意味、教育の一環といえる。長い目で見据えることは大事だが、なるべく最短距離でＩＴを分かってもらう努力も企業にとって考えておかなければならない。

また、操作系や活用法を覚えることで、入力ミスやファイルの保存ミスといったつまらないトラブルを未然に防ぐことも可能になる。業務の効率化を強化するうえでも、社内のＩＴ教育システムを充実しておくにこしたことはないのだ。

「ＩＴ担当者は社内の便利屋」と勘違いしている経営者も多いし、ＩＴ担当者自身もそう勘違いしているケースが目につく。ＩＴ担当者が社内で果たすべき役割は、もっと違う次元にあることは、ここまで繰り返して述べてきたとおり。ＩＴ担当者の本来の仕事を再確認しておきたい。

コラム④

便利で効果的なツール「Ｅｘｃｅｌ」にご用心

「Ｅｘｃｅｌ」は社内の各現場でもっとも活用されているオフィスソフトといえるだろう。自動計算ができる帳簿類、きれいに整列できる顧客情報リスト、自在な枠組みを利用した報告書などビジネスの現場ですぐに活用できる機能が満載だ。そのためか、非常に重宝がられるＥｘｃｅｌだが、近年になって落とし穴が見つかり始めている。

現場ではＥｘｃｅｌの操作ができる社員が資料作成を担当することになる。何人かで似たようなフォーマットを作ることになるので結果的に似たような書類になりやすい。資料を提出する上司の机は同じような資料の山になる。「あの書類、どこへ行った？」ということになりやすいのだ。

また、現場では同じようなフォーマットを自分のやりやすいように作るため、二重三重の入力が発生しやすい。グラフひとつにしても、他人の作ったフォーマットではやりにくいので、サーバのファイルを自分のパソコンにダウンロードし、それをＥｘｃｅｌで読み取り、さらに自分が利用しやすいように加工する。小さなことだが、無駄な作業が毎日のように発生していることを忘れてはならない。

これを回避するにはルールを作って徹底させるようにすればよい。チームとして標準化したフォーマットを使うようにルールを作る。フォーマットはチーム内で相談しながら作成するとよいだろう。可能な限り、さまざまな場面で応用可能なフォーマットを作り出すようにしよう。このやり方なら、案件ごとの項目追加など増改築が発生しても非常にスムーズにこなすことができるはずだ。

優れたソフトであることは間違いない。だからこそ、より有効活用できる環境を整備しておきたい。

診断結果

〔チェック数 1～5〕

■視界良好！　ＩＴ担当者の業務は社内で“透け透け”

貴方はＩＴ担当者の業務をほぼ完璧に把握しています。さらにいえば、ＩＴ担当者も会社のミッションやビジョンを正確に把握しているといえるでしょう。カ・ン・ペ・キです。

〔チェック数 6～15〕

■半信半疑!?　ブラックボックス化の初期症状

ＩＴ担当者の仕事ぶりを自分なりに理解しているかもしれません。しかし、「見えていない・理解できていない」部分もあります。まずはその点を認識し、ブラックボックス化を喰い止めましょう。

〔チェック数 16～25〕

■目の前のＩＴ担当者が怪しく見えてくる!?　そろそろ要注意です

貴方は、目の前のＩＴ担当者の業務を把握できていません。分かっているのは表面的な部分だけです。このままブラックボックス化が進行すると末期的な症状を迎えてしまいます。今こそ、ＩＴ担当者育成の抜本的な改革をしなくてはなりません！

〔チェック数 ２６～32〕

■疑惑だらけの日常業務!?　ＩＴ担当者で会社が傾くことも？

ここまでくるとＩＴ担当者がかなり暴走している状況を迎えているはずです。とはいえ、社内でＩＴ担当者は優秀な扱いを受けたままかもしれません。もはや、貴方の会社はＩＴ担当者の行動ひとつで致命的なダメージを受ける可能性もあります。経営者ならば、勇気をもって社内のＩＴ環境を把握し、そしてＩＴ担当者の意識改革に乗り出さなくてはなりません。

〔チェック数 ３３～37〕

■ウチのＩＴ担当者は“クロ”でした……。もはや自分が動くしかない!!

ＩＴ担当者のブラックボックス度でいえば完全な末期症状です。もはや、ＩＴ担当者の業務改善や社内の風土改革などという生易しい言葉を並べても無意味です。貴方が経営者であるならば、自ら社内のＩＴ担当者の扱いを真剣に講じなければなりません。自らＩＴ担当者の直属の上司となり、徹底した管理を行っていく覚悟を決めましょう。今までの環境をすべてリセットする気概で臨むべきです。

あとがき

なぜＩＴ担当者は、組織の中で浮いた存在になってしまうのだろうか？

多くの企業のＩＴ化を目の当たりにしてきたが、ＩＴ担当者が組織的に機能しているケースは本当に少ない。そもそも、経営者（もしくは経営層）自身が『ＩＴ』の有効性やリスクを正しく理解していないから、現状のＩＴ担当者に対する評価もおかしくなる。

重要性の低いポストかといえば、そうではない。情報基盤を構築することで、組織内を活性化する役割も担っている。一方で、一夜にして企業経営を窮地に追い込むことができるくらい機密性の高い情報にも触れている。

スピードと変化の時代を勝ち抜くためにはＩＴを賢く利用しなくてはならない。経営と

ＩＴの接点を上手く結ぶことのできる企業が大きく業績を伸ばしていく。しかし、このことを理解できない経営者は、ＩＴ担当者にミッションを与えられない。

本書では、過大評価されているＩＴ担当者の実態を分かりやすく説明してきた。しかし一方で、「ＩＴ担当者など誰でもできる」といって、仕事ぶりを全く評価しようとしないケースもある。過大評価はまずいが、全く評価しようとしない姿勢はもっとまずい。

既に述べたように、これからの時代はＩＴを使いこなせない企業は生き残ることは難しい。そのためには、ＩＴ担当者の役割を明確にし、正しい評価体系を整備することが急務だ。ただし、正しい評価には経営者の『ＩＴ』に対する意識改革が必要になる。

――「ＩＴは経営のおまけではなく、経営の一部」

ＩＴ担当者の改革は、経営者の意識のパラダイムシフトが必要なのだ。本書がその一助となれば幸いである。

株式会社ブレインワークス

【著者紹介】

ブレインワークス

株式会社ブレインワークス (http://www.bwg.co.jp) は、情報共有化支援を軸に、IT をツールとして駆使し、企業の経営革新の実現を支援するペースメーカー（伴走者）。「人・組織・ＩＴ」の再構築で、自立型企業への変革をサポートする。ブレインワークスグループ（ＢＷＧ）として、経営支援・セキュリティ支援、IT アウトソーシング支援など、主に中堅・中小企業の総合支援事業を展開。経営環境の変化が著しいなか、企業に有効な支援サービスを提供している。

■近藤 昇　（株）ブレインワークス 代表取締役社長

■大西 信次　取締役 東日本事業本部長

■青木 義典　執行役員 西日本事業本部長

■永瀬 智洋　執行役員 技術サービス事業部長／(株) ＩＴブレイン 代表取締役社長

■鈴木 啓経　（株）ブレインワークス ベトナム支店責任者

■佐々木 紀行　メディアプロデュース事業部長

優秀なIT担当者はクビにしなさい！

初　版　　2007年3月20日［初版第一刷発行］

著　者　　ブレインワークス
発行者　　玉置哲也
発行所　　株式会社カナリア書房
〒141-0031　東京都品川区西五反田6-2-7 ウエストサイド五反田ビル3F
TEL　03-5436-9701　FAX　03-3491-9699
装　丁　　新藤　昇
DTP　　伏田光宏（F's factory）
イラスト　　原田弘和
印刷・製本所　　三巧印刷株式会社

ISBN978-4-7782-0039-8 C0034